JN104833

老後、教育費・・・
将来が不安! でも、
面倒くさい
ことナシで、
お金が
貯まる
方法、教えて
ください!

コミックエッセイスト
うだ ひろえ 著
ファイナンシャルプランナー・IFA
吉田 篤 監修

X-Knowledge

こんな悩みありませんか？

老後が不安!

2000万円って本当に必要？
貯められそうもないんですけど〜！

教育費、貯められる？

学費が年々上がっているし、
子どもを大学まで行かせられるの？

物価高!

毎月カツカツでお金がまったく貯まりません！

食費も日用品も値段が明らかに上がっているんですよ!!
これも高くなってる
スーパー
これも値上げ〜
これは量が減ってるうえに値上げ

投資は怖い!

難しそうだし、やるお金も時間もない！
お金が減るのもイヤ！

でも
投資って怖くないですか お金が減ったら嫌だし…

大丈夫！
この本がすべて
解決します！

はじめに

こんにちは。コミックエッセイを描いています、うだひろえと申します。夫と小学生兄妹の4人家族で暮らしています。

この本を手に取ってくださったということは、「将来のお金」について、なんらかの悩みを抱えているのではと思います。

かく言う私、夫婦で四十代後半、いわゆるロスジェネ世代です。新卒で希望通りの就職が叶わず、とりあえず目の前のことだけで精一杯、カツカツな生活を送っていました。

そんな中、２０１０年に出した本でお金について学ぶ機会をいただきました。そこでこんな私でも、お金の知識があれば大丈夫なんだ！　と、大きく家計改善をすることができ、前向きな気持ちにさせてもらったのでした。（詳しくは拙著をご覧ください☆）

それから十数年。前著で教わったことのひとつに「子どもが小学生の間は教育費の貯めどき」というのがありましたが、現在わが子は小学5年生と3年生。習い事や通信教育などで想像以上にお金がかかり、子どもの送迎や付き添いでますます忙しくなるばかり。さらには、長引くコロナ禍で夫婦の収入は増えず……。

加えて、子どもの食べ盛り期に、大打撃の物価高。でもまあ、公立大学の入学金くらいならなんとかなるはず、と安心していたら、学費もどんどん上がっているそうで。このままじゃ確実に足りない！　せっかくお金について学んだのに、まったく貯まっていない！　どうして？？？

教育費ですらこんなですから、自分の老後のことなんて、考えたくもありません。だって、老後に必要なのは２０００万円って、そんなのもうただ無理なだけの数字……（泣）。

毎月家計の管理だってしてるし、贅沢だってしていない、共働きで一生懸命頑張ってる。なのに、あるのは不安ばかり。でも、この不安があるの、きっと私だけじゃないよね？　だとしたら、私が代表してあるのかないのか夢の解決策をプロに聞いてこよう！　そんな思いでこの本を描き始めました。きっと、この本を手に取ってくださったみなさんに、必ず役立てていただけると思います。

ぜひ一緒に、この扉を開けましょう！

コミックエッセイスト　うだひろえ

Contents

第2章 私たちに必要なのは資産形成!

第**3**章

コツコツ増やしてローリスク！ つみたてNISA

投資は長〜い目で見る ⋯⋯⋯⋯⋯⋯⋯⋯ 092

投資先を分散してリスクを回避 ⋯⋯⋯⋯ 096

コツコツつみたててしっかり増やす！ ⋯⋯ 102

いざ、口座開設！金融機関の選び方 ⋯⋯ 110

NISAでつみたてを始めよう！ ⋯⋯⋯⋯⋯ 112

つみたてNISAの売り時はちょっと注意 ⋯ 122

第4章

iDeCoで節税しながら老後資金を貯めよう

COLUMN 5

第5章

NISA＆iDeCo 私たちにもできる銘柄選び

STAFF

ブックデザイン……山田知子＋門倉直美（chichols）
図版制作・DTP……村上幸枝（Branch）
編集……大山弘子　別府美絹（エクスナレッジ）
印刷……シナノ印刷

プロローグ

お金の心配がなくならない！

子育て…お金かかるもんね…
小5
小3
働けど働けど飛んでいくお金…
やっぱそうですよね！
子どもが生まれてからお金の関心が急にアップしちゃいまして
Baby
1さい
なりたて
おむつ代もけっこうかかるしうちは家も買ったばかりで
OMUTSU
3LDK!
毎日カツカツですよ〜！
急に気になって将来のお金のこととか育休中にいろいろ調べたんですけど
PC
不安ばかりが募ってでもどうすればいいかわからなくて…
はぁ
…
そうそうそうなのよ〜

でも うださん！
そういうの詳しい ですよね？
お金の話 とか 描いてるじゃ ないですか
ドキッ
ま、まあね…でもうちの子 もう小学生だし 10年前とかの ことだからね…？ どうかな…？
ゴニョ ゴニョ…
やっぱり 学資保険 ですかね？
そう そうかな…
教育費は 貯めなきゃだし 住宅ローンの 繰り上げ返済も したいですし この先いくら 必要なの？って 感じですよね
あと！ 自分たちの 老後も心配ですよー 年金もらえるのか わからないですし！
あ～
それね！ そうだよね

※FP（ファイナンシャル・プランナー）人生や夢を叶える資金計画を立てて実現をサポートするお金の専門家

貯金だけではお金は増えない⁉

うださん！
今から
何かやらないと
マズいですよ
少し前に
騒がれてたけど
老後2000万円
必要なんですって！
2000万円
ぐぬっ
それに、今って
学費が上がっている
らしいんですよ
公立の大学が
私たちの時代の
私立並みの金額に
なっているとか！
ずっしり！
さらにうちは
35年の
住宅ローンが
あああぁ……！
どうなっちゃうの〜
怖いいいいいい…
そう…
目をそらして
いたけど…

めちゃめちゃ怖いよ!! どうしよう〜!
私なんてフリーランスだし収入不安定だし
気づけばもう40代も後半だし…
下の子が20歳の時には私は57歳で夫は59歳…
それまで収入が安泰なのか…? そうだとしても子どもが成人してから老後資金貯めるの…? 無理じゃない?
ああもう怖すぎて何も考えたくない〜!
うださんも不安だったんですね…
なら一緒に頑張ってなんとかしましょうよ!

なんとか
頑張るって…
どうやって？
やっぱり
コツコツ節約して
コツコツ貯金…？
ココを
削って
よしっ
チャリ～ン
でも、最近じゃあ
スーパー行くたびに
食材の値段が
上がってるのよ
物価高
えげつないよ
高ッ!!!
おかげで毎月
カツカツなのよ
なのに
もっと
頑張らないと
いけないの？
いいえ
その必要は
ありません！
えっ？
そもそも
貯金だけでは
お金は増え
ません
な…なんですって？

それを解決するのが投資です!
どーーーん!!
あ あなたは?
突然失礼 IFA……独立系ファイナンシャルアドバイザーの吉田篤です
IFA
インディペンデント ファイナンシャル アドバイザー
FP法人シグマ代表取締役
四児の父
趣味はキャンプ、登山、ワイン、読書など
い、インディ…?
カタカナいっぱい…
それってFPとは違うんですか?
ウチの夫はFPなんです

僕もFPの資格を持っています
FP
その上で金融機関など特定の企業に属さない独立的な立場から
ひとりひとりに株式や投資信託などの資産運用のアドバイスを行う専門家です
なるほどうちの夫は保険会社勤務だから「独立系」じゃなくて「企業系」なんですね
企業系
保険会社
しかも投資は専門外なんですよ
へえ～そんな違いがあるんですか
吉田さんは保険会社や銀行証券会社などの企業に属していないから「独立系」…
それってどんないいことがあるんですか？
独立系

それはやっぱり…企業によるしがらみがないってことですよね⁉
そうです
だからこそひとりひとりに合った最適な投資のアドバイスができるんです
ひとりひとりに合った…
カッ
私に合った最適な投資のアドバイス…⁉
キラーン
たとえば私がどんな投資をやればいいのかとか？
どうやってやればいいのかとかも⁉
教えてくれるんですか⁉

もちろんです
うおっしゃあぁぁ
それだけではなく…
具体的な銘柄までアドバイスできます
楽天・インデックス・バランス(DC年金)
セゾングローバルバランスファンド
eMAXIS 最適化バランス
たわらノーロード最適化バランス
eMAXISSlim先進国株式インデックス
eMAXISSlim新興国株式インデックス
SBI・全世界株式インデックス・ファンド(愛称:雪だるま(全世界株式)
楽天・全世界株式インデックスファンド
どーんっ
銘柄まで!?
えっ、そんないいんですか!?
ハイ
知りたい〜!今すぐ知りたい〜!!!
でも…投資ですよね!?

ズボラでも初心者でも投資はできる？

手間も不安も最小限で投資をやることは可能です
ええっ!?
本当ですか…?
ダマされませんよ私たちっ
じゃあ…はっきり聞きますけど
私たち投資初心者でも失敗しない投資できますか?
できます!
断言!!
それ教えてくださいー!
プロローグ終

COLUMN
1

「老後2000万円」って本当に必要なの？

老後の必要資金はそれぞれの家庭で異なる

2019年に出た、金融庁金融審議会「市場ワーキング・グループ報告書」の「老後20〜30年で約1300万円〜2000万円が不足する」との試算により、老後の資産形成の必要性が注目されるようになりました。

私は、老後のための資産形成は不可欠だと考えています。ただし、すべての世帯で2000万円が必要なわけではありません。試算はあくまでも、「元会社員の夫65歳と専業主婦の妻60歳の夫婦のみ無職世帯」という「モデルケース」の場合です。これよりも収入が多く、支出が少なければ、老後に必要なお金は2000万円より少ないでしょう。漠然と不安を感じるのではなく、「自分たちはどうなのか」を知ることが大切です。

高齢夫婦無職世帯の収入と支出（月額）

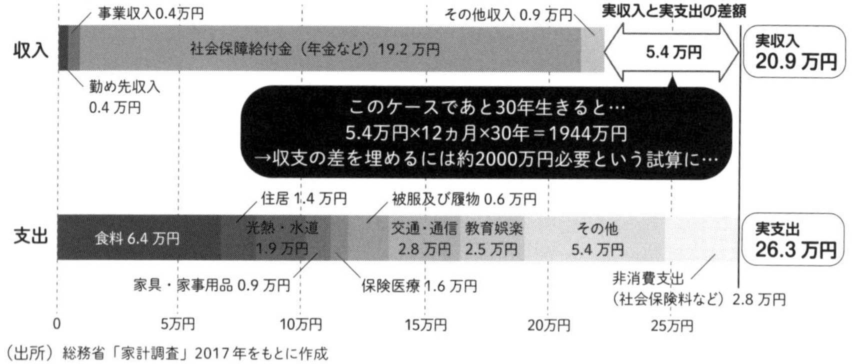
収入
事業収入0.4万円
社会保障給付金（年金など）19.2万円
勤め先収入 0.4万円
その他収入 0.9万円
実収入と実支出の差額
5.4万円
実収入 20.9万円
このケースであと30年生きると…
5.4万円×12ヵ月×30年＝1944万円
→収支の差を埋めるには約2000万円必要という試算に…
支出
住居 1.4万円
被服及び履物 0.6万円
食料 6.4万円
光熱・水道 1.9万円
交通・通信 2.8万円
教育娯楽 2.5万円
その他 5.4万円
家具・家事用品 0.9万円
保険医療 1.6万円
非消費支出（社会保険料など）2.8万円
実支出 26.3万円
0
5万円
10万円
15万円
20万円
25万円

（出所）総務省「家計調査」2017年をもとに作成
千の位を四捨五入しているため合計額は合わない

第1章

預貯金だけではお金は増えない!?

投資はしたほうがいいの？

にっこり♡
もちろん貯蓄だけで老後が安泰でしたら投資なんてしなくてもいいんですよね
貯
貯蓄だけで
老後が
安泰…!?
でももし足りないなら…
足りないです! 間違いないです
不安しかないです
なら絶対にやったほうがいいです!
その理由は大きく3つ!

投資をしたほうがいい理由①：
銀行の金利が低すぎる

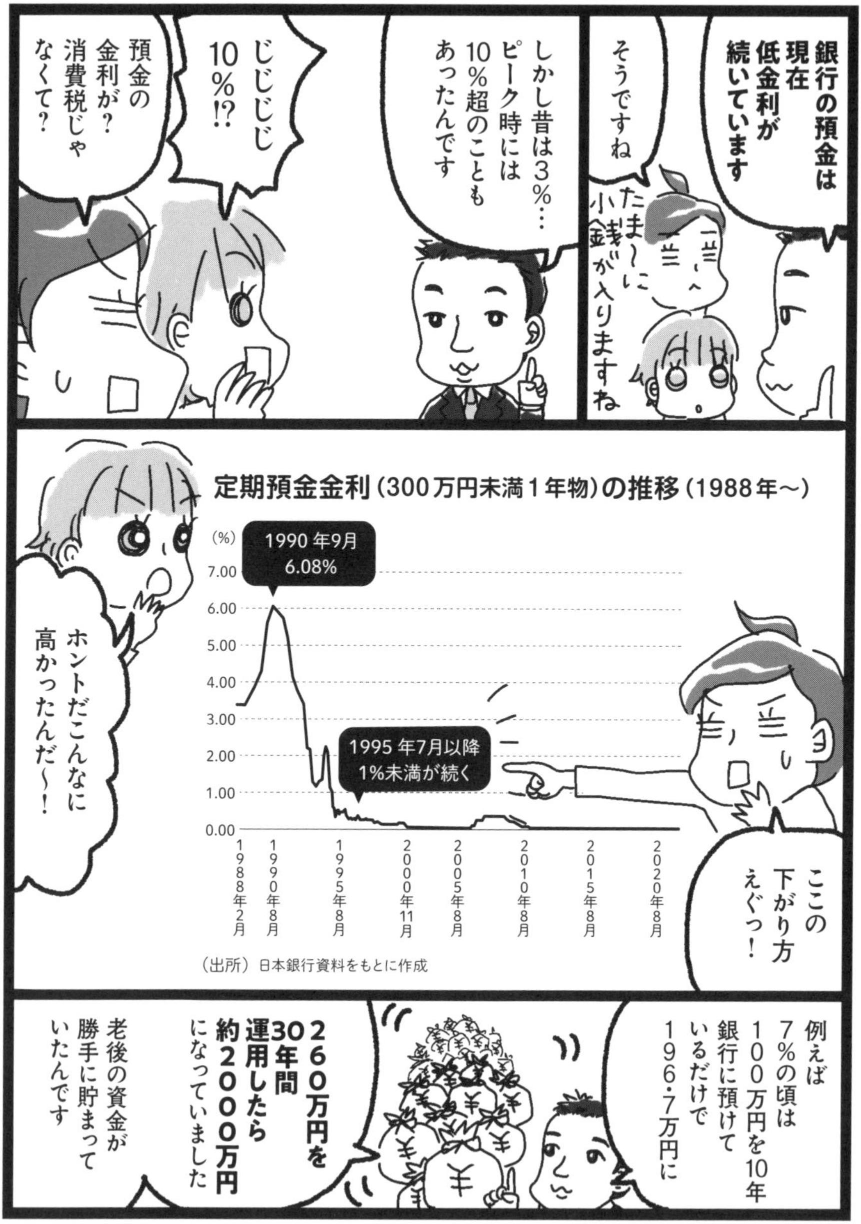

※1　1920年〜60年代生まれ
※2　年率0・002%で計算（税引き前）

投資をしたほうがいい理由②：
給料が増えない

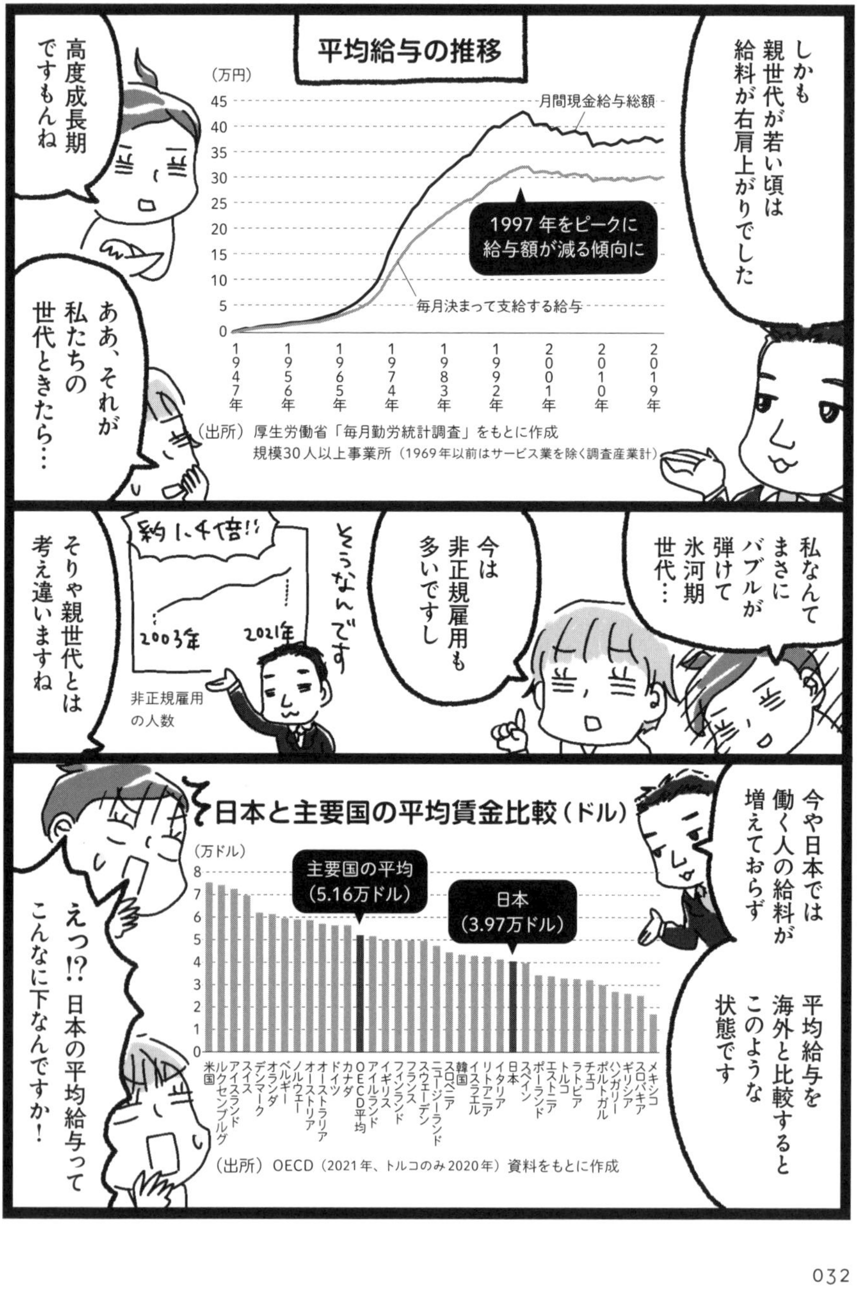
しかも親世代が若い頃は給料が右肩上がりでした
高度成長期ですもんね
ああ、それが私たちの世代ときたら…
平均給与の推移
（万円）
45
40
35
30
25
20
15
10
5
0
1947年
1956年
1965年
1974年
1983年
1992年
2001年
2010年
2019年
月間現金給与総額
毎月決まって支給する給与
1997年をピークに給与額が減る傾向に
（出所）厚生労働省「毎月勤労統計調査」をもとに作成
規模30人以上事業所（1969年以前はサービス業を除く調査産業計）
私なんてまさにバブルが弾けて氷河期世代…
今は非正規雇用も多いですし
そうなんです
約1.4倍!!
2003年
2021年
非正規雇用の人数
そりゃ親世代とは考え違いますね
今や日本では働く人の給料が増えておらず
平均給与を海外と比較するとこのような状態です
日本と主要国の平均賃金比較（ドル）
（万ドル）
8
7
6
5
4
3
2
1
0
主要国の平均（5.16万ドル）
日本（3.97万ドル）
米国
ルクセンブルグ
アイスランド
スイス
デンマーク
オランダ
ベルギー
ノルウェー
オーストリア
オーストラリア
ドイツ
カナダ
OECD平均
アイルランド
イギリス
フィンランド
フランス
スウェーデン
ニュージーランド
スロベニア
韓国
イスラエル
イタリア
リトアニア
日本
スペイン
ポーランド
エストニア
トルコ
ラトビア
チェコ
ポルトガル
ハンガリー
ギリシア
スロバキア
メキシコ
（出所）OECD（2021年、トルコのみ2020年）資料をもとに作成
えっ!? 日本の平均給与ってこんなに下なんですか！

海外は給与が増えているところ多いのに…こうなったら外国語勉強して海外で仕事するしか…
ブツブツ
いやもうこんなに頑張って働いてても給料増えないなんてやばすぎですよ〜!
しかもこのまま現役世代の給料が増えないと…
私たちが老後にもらう年金も増えないですよね?
少子化だし!!
そう…年金って何人もの現役世代で高齢者を支えるシステムだけど…
支える人が減ってるし
グラ グラ
さむい…
平均寿命も延びてるし
みんなヨロヨロに…
ぎゃー

投資をしたほうがいい理由③：
インフレが加速する可能性大

そして
考えられるのが
インフレです
インフレとは…
モノの値段が
上がり続ける
状態のこと
そうなの！
物価高!!
食費も日用品も
値段が明らかに
上がっているんですよ!!
スーパー
これも
高く
なってる
これも
値上げ～
これは
量が減ってる
うえに値上げ！
生活
大ダメージ
ですよ～
ウチ子どもも
小学生の
育ち盛りで
食べる量
ものすごい増えてて
もうどうしたら
収入はまったく
増えてない
のに…
光熱費も
上がってるし
ひとりひとりの
節約にも
限界が
ありますよね

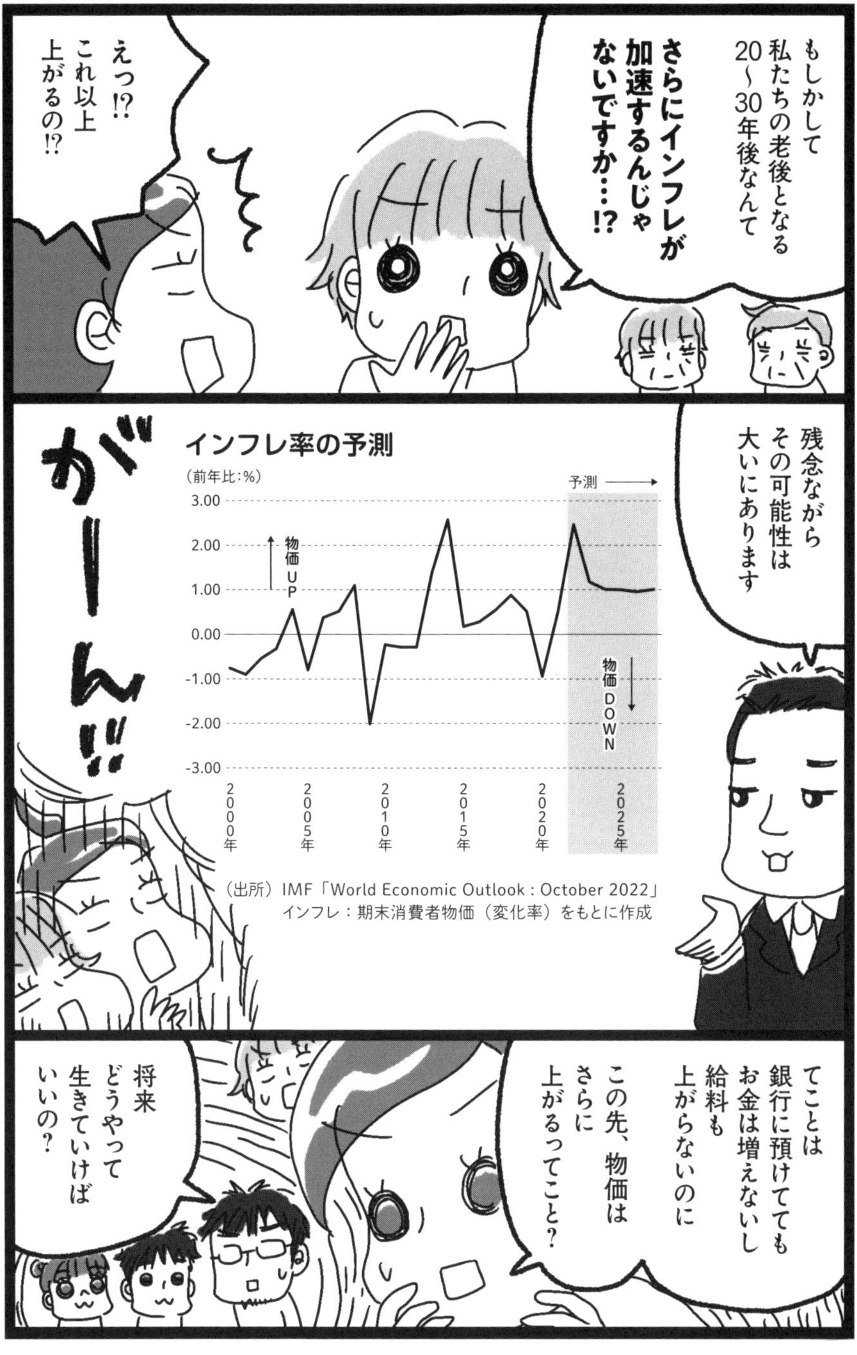

もしかして私たちの老後となる20～30年後なんてさらにインフレが加速するんじゃないですか…!?
えっ!? これ以上上がるの!?
残念ながらその可能性は大いにあります
がーん!!
インフレ率の予測
(前年比:%)
予測
3.00
2.00
1.00
0.00
-1.00
-2.00
-3.00
物価UP
物価DOWN
2000年
2005年
2010年
2015年
2020年
2025年
(出所) IMF「World Economic Outlook : October 2022」
インフレ:期末消費者物価(変化率)をもとに作成
てことは銀行に預けててもお金は増えないし給料も上がらないのにこの先、物価はさらに上がるってこと?
将来どうやって生きていけばいいの?

あ…っ
インフレって お金（現金や銀行預金）の 価値が下がっちゃう わけですよね？
インフレになると
モノ
お金の価値 く モノの価値
つまり…
現金を 持ってても 損をするって ことですよね!?
金利低いだけじゃなく
ハッ！ そうだ！
その通りです
そのためにも インフレの影響を受けにくい【資産】を持って おくことが 大切なんです
資産
インフレに 負けにくい 資産を 持つ…？
私たちが どうやって？

そのために必要なのが
株式や不動産金への
【投資】なんです
投資
金
不動産
株
資産
金利は低いし預金じゃお金は増えない
給料も増えない
インフレにも備えなきゃだから…
だから投資が必要…！
なるほど腑に落ちました！

でもやっぱり投資って怖い

やっぱ投資ってお金持ちがやるものでギャンブルなんじゃないですか?
いいえ そんなことありませんよ
でも…すごい努力が必要なんじゃないですか?
投資初心者でもお金が増やせるなんて そんな都合の良い話ないですよね!?
大丈夫ありますよ!
本当ですか!?
本当です! それをお伝えするために私はここに来たんです

私がこの本でお伝えする方法は・・・
ゴソゴソ
パン パカ パーン☆
①100円からでもできる
②ほったらかしでも増える
③銀行で預けるよりかなり増える（可能性大）
という投資です！

おお～！
何だか
めでたい!!
私たちの未来を
祝福してくれてる
ようですね♪
ワクワク
してきました♡
100円
でもよくて？
ほったらかしでも
よくて？
銀行に
預けるより
増える？
そんなんで
いいの？
本当に!?
いいんです！
ピカー
これから詳しく
ご説明します！
投資の不安を
なくしていきましょう
後光が
まぶしー
第1章・終わり

COLUMN 2

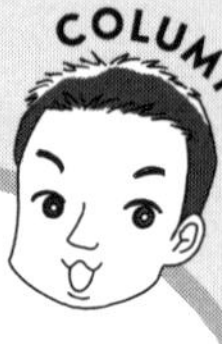

「インフレ」ってどういうこと？「金利」って何？

インフレって何？

近頃、「インフレ」という言葉を見聞きする機会が増えました。インフレとは「Inflation（インフレーション）」の略語で、モノやサービスの価格（物価）が継続して上昇することをいいます。例えば、それまでは1個100円で買うことができた商品が、1年後に1個200円になるようなケースがインフレです。

インフレが起きると、物価が上がり、以前と同じ金額では同じものを買うことができません。先ほどの例では、同じ商品を買うのに、以前の2倍のお金が必要になっています。これは見方を変えると、お金の価値が2分の1になったといえます。第1章では、うださんが「食費も日用品も値段が明らかに上がってる」と言っています。これをお読みのみなさんもすでに感じていると思いますが、日本でもインフレが続くことが予想されます。

ところで、インフレには「良いインフレ」と「悪いインフレ」があります。良いインフレは、景気が良くなってお金を使う人が増え、モノやサービスが不足して物価が上がり、企業の利益も増えます。すると利益が増えた企業は、従業員の給料を上げるでしょう。消費意欲がさらに高まり、物価が上がって、企業利益も上がるという好循環が生まれます。

一方、悪いインフレは、原材料価格が上がったために、物価が上昇するインフレです。この場合には、モノを買う人が増えているわけではないので、企業の利益は増えず、従業員の給料も上がりません。同じお金で買えるモノの量が減るうえに、物価上昇によって支出が増えるため、生活が苦しくなります。ちなみに、景気の悪化と物価上昇が同時に起こる現象を「スタグフレーション」といいます。

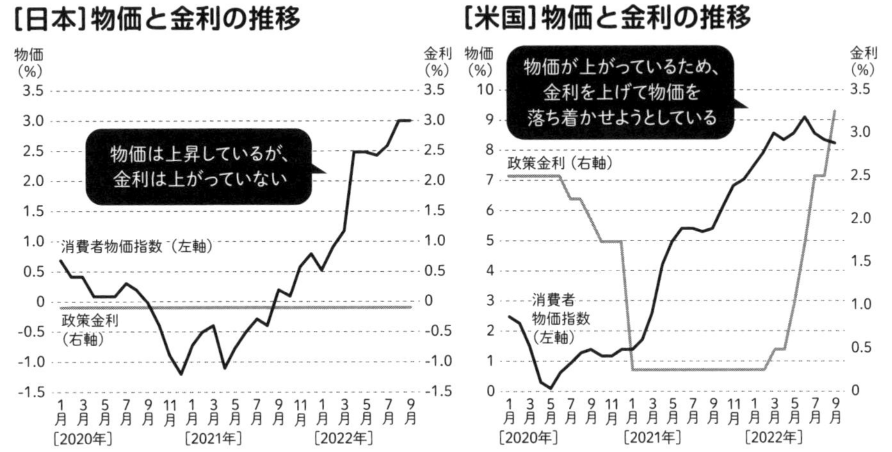
[日本]物価と金利の推移
物価（%）
金利（%）
物価は上昇しているが、金利は上がっていない
消費者物価指数（左軸）
政策金利（右軸）
[米国]物価と金利の推移
物価が上がっているため、金利を上げて物価を落ち着かせようとしている
政策金利（右軸）
消費者物価指数（左軸）
［2020年］
［2021年］
［2022年］

（出所）IMF（国際通貨基金）、日本銀行、FRB（米国連邦準備制度理事会）　※2022年11月時点

インフレと金利の関係とは？

インフレが行きすぎると物価が高くなりすぎて、日常生活に必要なものを買えなくなる人が出てきます。そこで、国の金融制度の中心的機関である中央銀行は、金利（政策金利）を引き上げて、物価をコントロールしようとします。

金利は、借りたお金に対する利息。私たちが銀行にお金を預けると、銀行はそのお金を企業や他の人などに貸し出して、利息を受け取ります。その一部が私たちにも預金の利息として支払われます。

金利が上がると、企業はお金を借りにくくなり、生産を増やしにくくなります。消費者も住宅や自動車のようなお金を借りて買うことが多い大きな買い物を控えるでしょう。資金需要が減ると金利も落ち着きます。

米国や欧州では、中央銀行が利上げ（金利を上げること）をして、行き過ぎたインフレを抑えようとしています。ただし、現在（※）、物価が上昇している背景には、コロナ禍で世界各国の工場が停止して、商品や製品の製造、配送、販売の流れが止まり、物不足が起きたことがあります。加えて、ロシアによるウクライナへの侵攻によって、石油や天然ガスが豊富なロシアや、穀物が豊富なウクライナからの輸出が減少し、価格が高騰したことなども影響しています。そのため、利上げがすぐに物価の安定につながるとは限りません。

では、日本はどうでしょうか。物価は上昇していますが、政策金利は上がっていません。これは日本で長い間、デフレ（Deflation〈デフレーション〉の略語）が続いていたからです。デフレのときはモノが売れないので、値段が下がります。企業の利益も減るため給料も上がらず、ますますものが売れない「デフレスパイ

株価とインフレの関係（米国の場合）

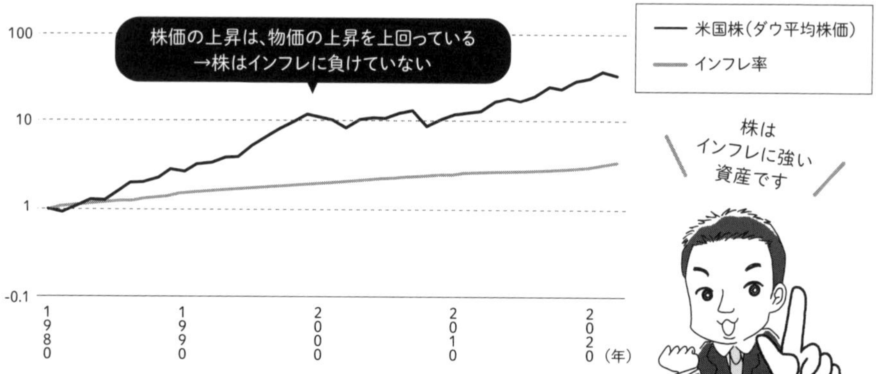
100
10
1
-0.1
株価の上昇は、物価の上昇を上回っている
→株はインフレに負けていない
米国株（ダウ平均株価）
インフレ率
1980
1990
2000
2010
2020
（年）
株はインフレに強い資産です

※1980年を1とした場合
（出所）IMF、Yahoo! finance（米国）

ラル」という悪循環が起こるのです。日本の政府と、中央銀行である日本銀行は、デフレを止めるために、金利をゼロより低いマイナスにして、企業も生活者もお金を貯め込まずに使うよう、誘導してきました。ようやくデフレから抜け出したかに見えるなかでは、すぐに金利を上げる可能性は低いといえます。なぜなら、再びデフレに戻ってしまう可能性があるからです。

デフレの時代は、継続的に物価が下がるため、相対的にお金の価値が上がります。預金金利が低くても、預金しておけば実質的にお金の価値が上がっていたため、「リスクを取って投資をしなくてもいい」と考える人が多かったのです。ですが、インフレの時代は違います。資産が現金や預貯金だけでは、お金の価値が実質的に目減りします。それでは、ますます生活が苦しくなるばかりでしょう。

インフレに負けない資産に投資する

インフレに負けないためには、ある程度のリスクを引き受けてでも、株式や不動産、金などのインフレに強い資産を持つことが必要です。インフレになって物価が上昇すれば、土地や金などの実物資産の価格が上がります。物価が上がって、企業の利益が増えれば、その企業の株価が上昇して、持っている資産が増える可能性もあります。

また、金利が低い通貨からはお金が逃げ、通貨安になる傾向があります。欧米が利上げをし、日本の金利が上がらなければ、円安外貨高が進みます。日本は、エネルギーや食料などの資源の多くを輸入に頼っているため、円安が進むと価格が上昇することになります。さらなる円安に備えるためにも、海外の資産を持つことが必要です。

※2022年12月20日現在

第2章

私たちに必要なのは資産形成！

こんな私たちでも投資ができるの？

吉田さん、何度も聞いてすみませんけど！
こんな私たちでも本当に投資をやって大丈夫なんでしょうか？
はい大丈夫です
そもそも**投資とは「お金に働いてもらって増やすこと」**です
お金に働いてもらう…？
おさいふ
ハイどうぞ
ゴンッ
えっ!?
おさいふ
にょきっ
何これ!?
しっかり働いてきます！
いきなり登場お金くん
MONEY
お、おおう増えてきてね…！

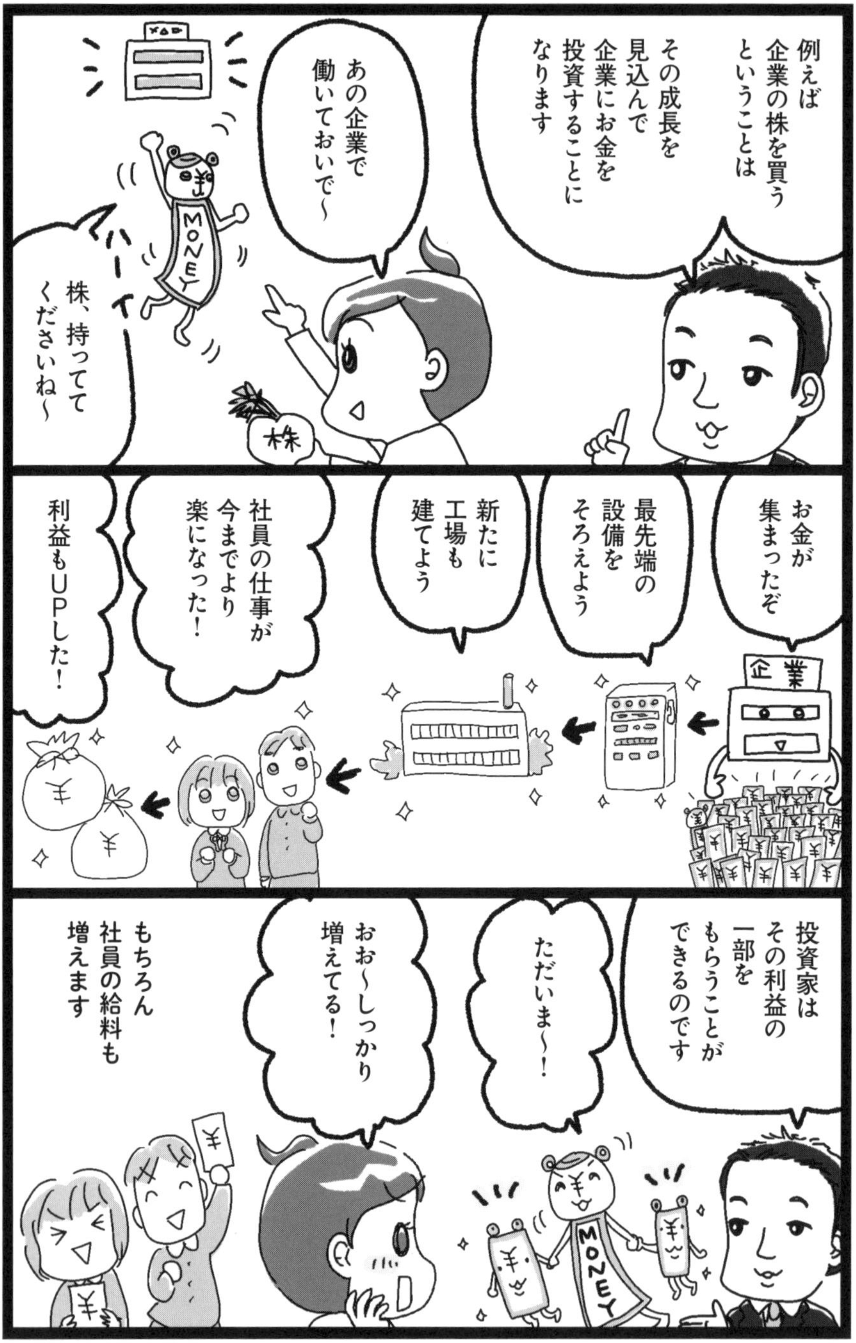
例えば企業の株を買うということはその成長を見込んで企業にお金を投資することになります
あの企業で働いておいで〜
株
MONEY
ハーイ
株、持っててくださいね〜
お金が集まったぞ
企業
最先端の設備をそろえよう
新たに工場も建てよう
社員の仕事が今までより楽になった!
利益もUPした!
投資家はその利益の一部をもらうことができるのです
ただいま〜!
MONEY
おお〜しっかり増えてる!
もちろん社員の給料も増えます

それは株以外でも同じです
債券は企業にお金を貸してビジネスをしてもらって利息を受け取ります
不動産投資では家賃収入を得られます
MONEY
MONEY
MONEY
家賃
なるほどこうして聞くと投資ってすごくいいものですね？
幸せのシステムって感じ♪
企業も投資家もみんなハッピー☆
でも私みたいにうまくいかずにお金が減ることもありますよね？
げっそり…
や、やだ～！
それには投資の形の違いを説明しないといけませんね

「投資・投機」と「資産形成」は違う

短期間で買ったり売ったりして利益を出すぜ！
しゅばばば
タイミングを狙ってお金を増やすぜ！
一瞬を狙え!!
じりじりじりじり
借金してでも大きな額を動かしたいぜ！
いい武器ゲットだぜ
こ、これは…かなりの猛者じゃないと難しそうですね
とったどー！
今日はゼロ…
機会に投じることになるのでタイミング・運・精神力が必要です
「投資＝ギャンブル」の誤解はここから来ています
明日は明日の風が吹くぜ
これが投機…！

〈投資〉：成長する企業を見定めて投資すること
例えるなら投資は「目利き」です
いい野菜作ってどんどん当てるよ！
投資
農業のプロって感じね♡
よく育つ種を目利きで当てます
この種はよく育ちそうだ！コレに決めた！
A
B
C
D
企業の将来性に期待して購入し
価値が高くなることでリターンを得るわけです
仕入れたぞ〜
種
SEED
いっぱいできた〜
豊作の可能性もありますが
育たない=倒産の可能性も…
今年はダメだった…
知識や経験が豊富なプロでも銘柄を当て続けるのは困難です

〈資産形成〉：目的のためにさまざまな資産（株、債券、不動産etc…）に分散投資して、お金を増やすこと
例えるなら資産形成は「家庭菜園」です
無理せず自分たちが食べる分だけ作りたいです
おっいいわね！
資産形成
世界中からいろいろな種類の苗を分けてもらったよ～
Aさん
Bさん
Cさん
よく育つものもあまり育たないものもあるけどね♪
収穫できた～！わが家はこれで十分よ
来年もこうしようっと
このように様々な資産に分散してリスクを減らし計画的に長期間で増やしていきます

となると…私たちがしたいのは『資産形成』ですね
資産形成
そうね 家庭菜園がいいわね
ハンターは無理そうだし
目利きにもなれなそうだし
投機
投資
はっ！ということは…
私は今まで資産形成をやってると思ってたけど
NO!! いい苗かどうかは
私が選ぶッ!!!
いい苗あるよ いいの？
投資をやっていたってこと…!?
苗売場
投資というより投機…ですかね？
しかも弱いハンター
よくわかんないけど
狩っちゃお♡
(買)
あっ外れた～
がーん！
そうか…ここがわかってなかったのね!!

勉強したり日々チェックしたり自信がある人は投資をして増やすのもいいでしょう
ガシガシ
フムフム
OK!
でもどちらかというと「老後資金や教育資金が足りないんじゃないか」と悩んでいる人が多いはずです
消えない不安…
――はい
本格的に勉強する時間も…
自信なんてないデス
ならば今は資産形成を考えたほうがいいでしょう
働いて収入がある間こそ資産形成期です
収入があれば投資の元本も増やせますから

そっか
つまり
元手を稼ぐことができる今のうちに原資を作りあげておけ！
ってことですね
資産を形成
稼ぐ ← 働く
資産
そうすれば…
ど〜ん!!
うふふ♡
どう使おうかな
こんな老後が待っててくれるんですね〜!
資産
夫婦で世界一周とかしたいな〜…♡
なるほど資産形成確かに必要ですね

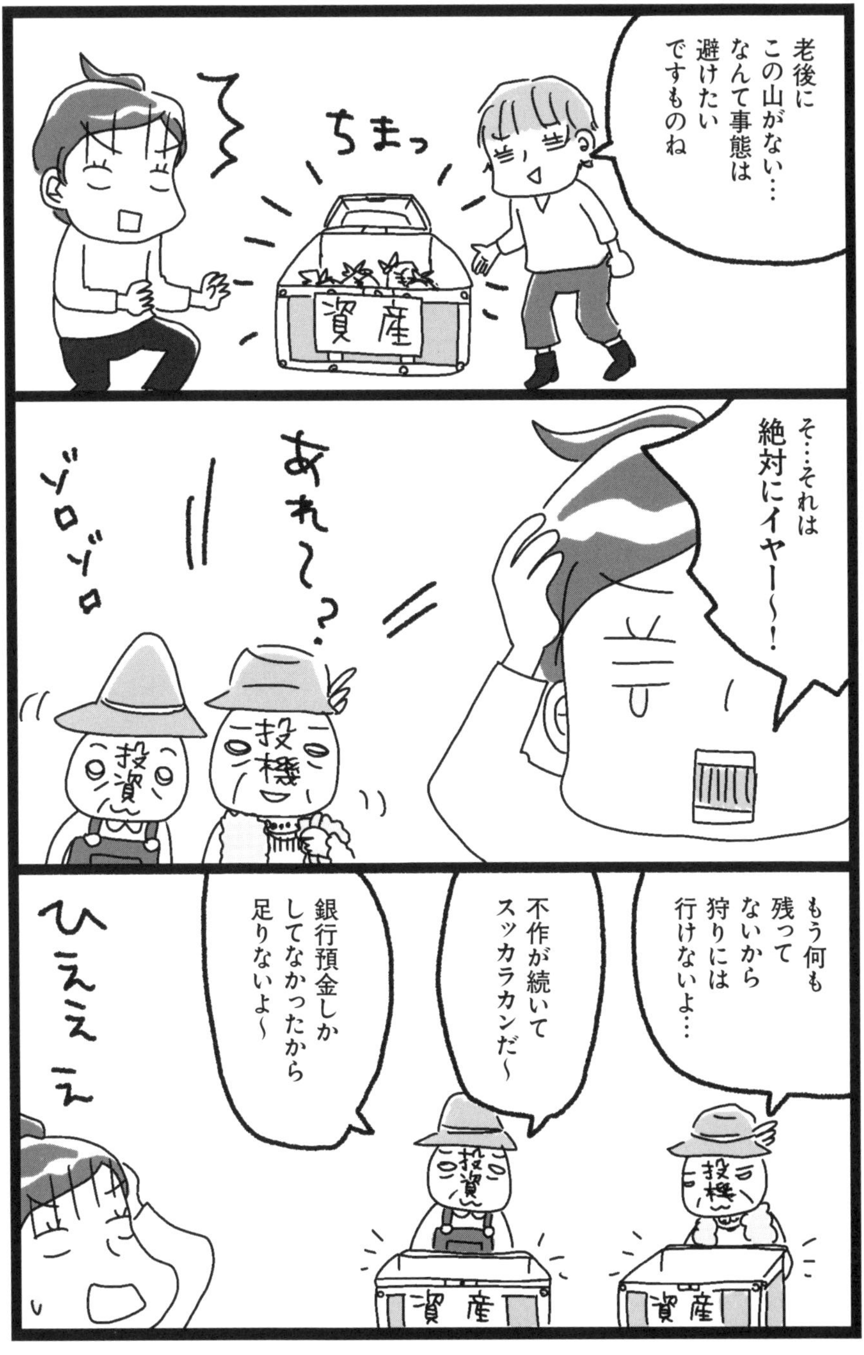
老後に
この山がない…
なんて事態は
避けたい
ですものね
ちまっ
資産
そ…それは
絶対にイヤー〜〜！
あれ〜？
ゾロゾロ
投機
投資
もう何も
残って
ないから
狩りには
行けないよ…
不作が続いて
スッカラカンだ〜
銀行預金しか
してなかったから
足りないよ〜
ひえええ
投機
投資
資産
資産

世界経済は成長している!?

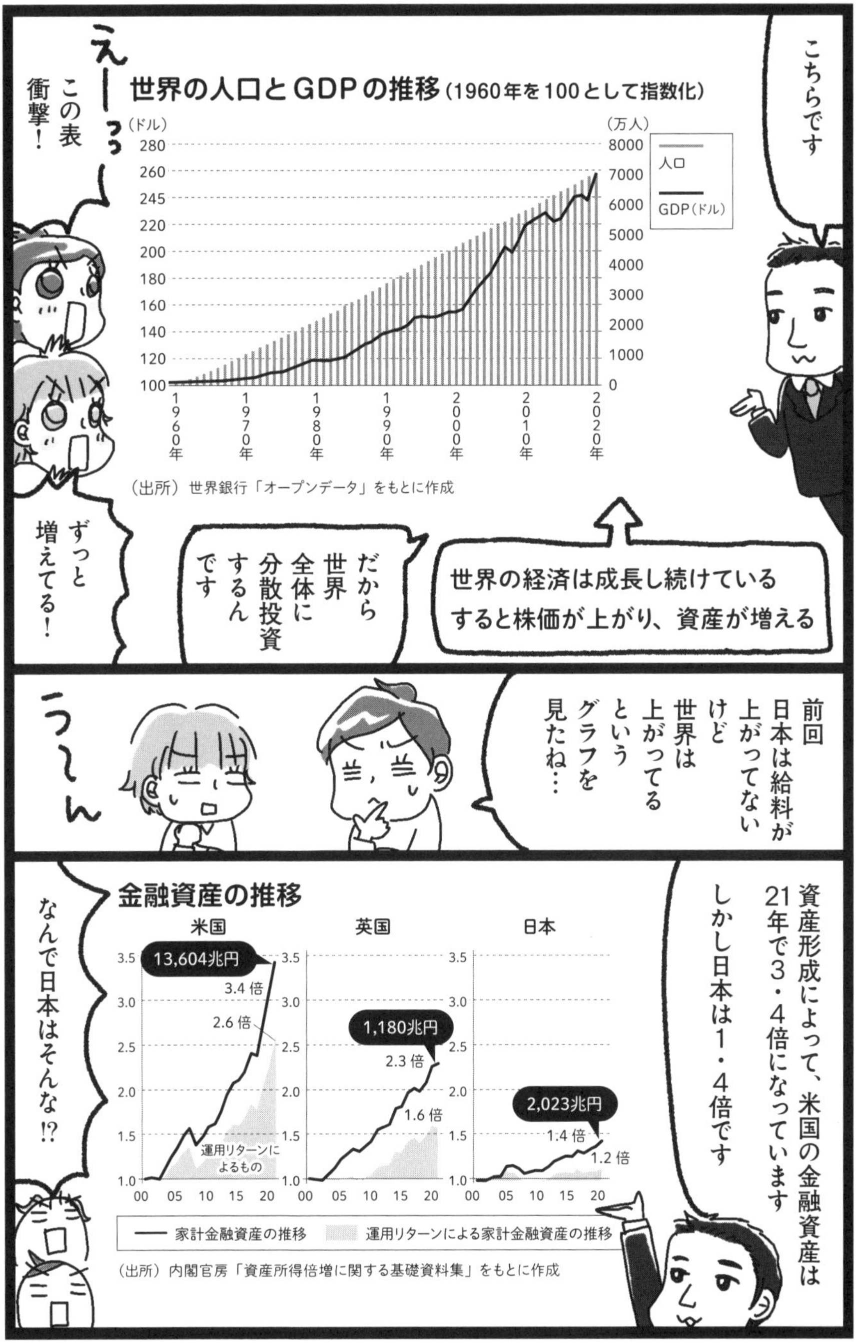
こちらです
世界の人口とGDPの推移（1960年を100として指数化）
（ドル）
（万人）
280
260
245
220
200
180
160
140
120
100
8000
7000
6000
5000
4000
3000
2000
1000
0
人口
GDP（ドル）
1960年
1970年
1980年
1990年
2000年
2010年
2020年
（出所）世界銀行「オープンデータ」をもとに作成
えーっ
この表衝撃！
世界の経済は成長し続けている
すると株価が上がり、資産が増える
だから世界全体に分散投資するんです
ずっと増えてる！
前回日本は給料が上がってないけど世界は上がってるというグラフを見たね…
う〜ん
資産形成によって、米国の金融資産は21年で3・4倍になっています
しかし日本は1・4倍です
金融資産の推移
米国
英国
日本
13,604兆円
3.4倍
2.6倍
1,180兆円
2.3倍
1.6倍
2,023兆円
1.4倍
1.2倍
運用リターンによるもの
3.5
3.0
2.5
2.0
1.5
1.0
00
05
10
15
20
家計金融資産の推移
運用リターンによる家計金融資産の推移
（出所）内閣官房「資産所得倍増に関する基礎資料集」をもとに作成
なんで日本はそんな!?

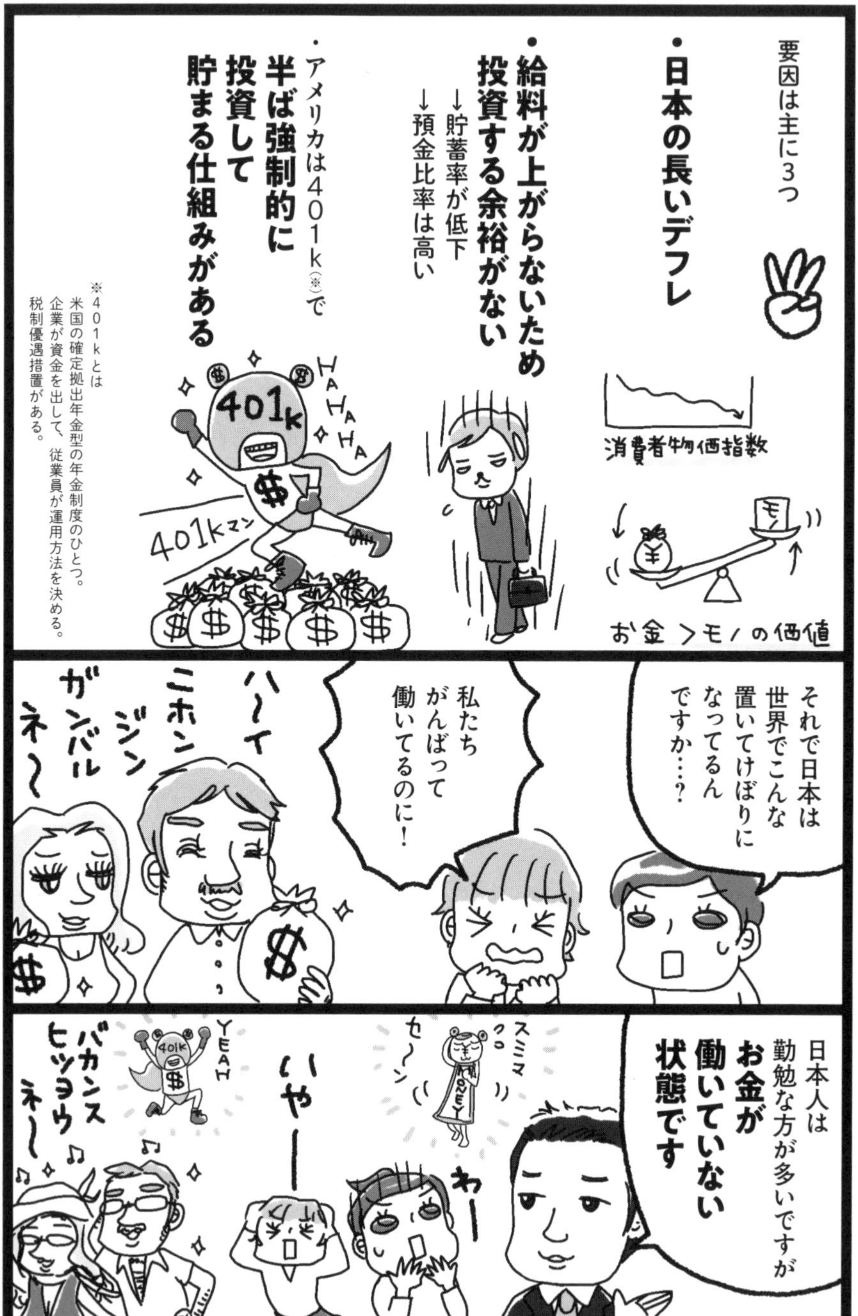

要因は主に3つ
・日本の長いデフレ
消費者物価指数
お金＞モノの価値
・給料が上がらないため投資する余裕がない
↓貯蓄率が低下
↓預金比率は高い
・アメリカは401k(※)で半ば強制的に投資して貯まる仕組みがある
HAHAHA
401k
401kマン
※401kとは
米国の確定拠出年金型の年金制度のひとつ。
企業が資金を出して、従業員が運用方法を決める。
税制優遇措置がある。
それで日本は世界でこんな置いてけぼりになってるんですか…？
私たちがんばって働いてるのに！
ハ～イ
ニホンジンガンバルネ～
日本人は勤勉な方が多いですがお金が働いていない状態です
わー
いやー
スミマセ～ン
YEAH
401k
バカンスヒツヨウネ～

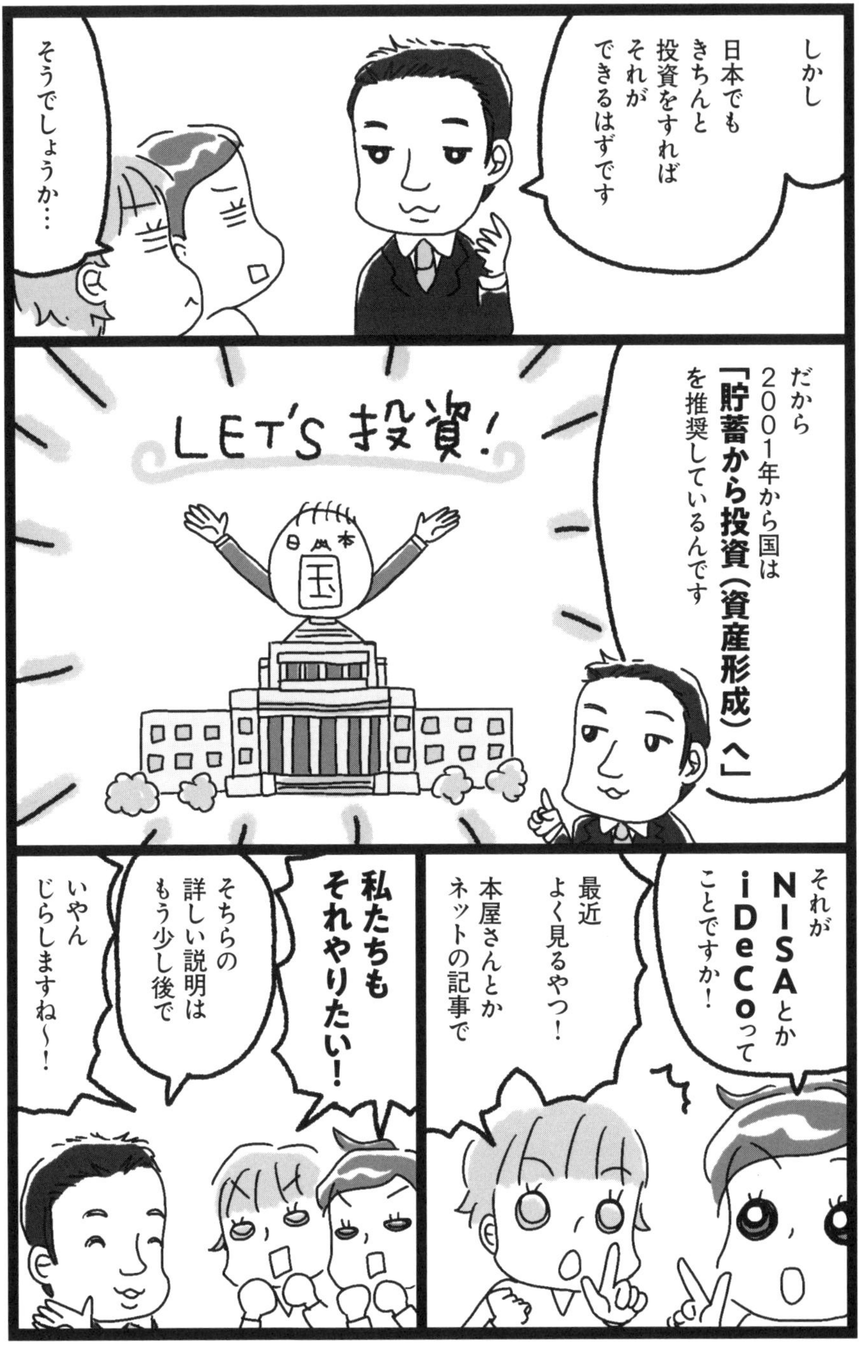
しかし 日本でも きちんと 投資をすれば それが できるはずです
そうでしょうか…
だから 2001年から国は 「貯蓄から投資（資産形成）へ」 を推奨しているんです
LET'S 投資!
それが NISAとか iDeCoって ことですか！
最近 よく見るやつ！
本屋さんとか ネットの記事で
私たちも それやりたい！
そちらの 詳しい説明は もう少し後で
いやん じらしますね～！

保険と投資の違いを理解しておこう

教育費なら
うちの親が
学資保険が
いいって
言ってたよ
なじみの
保険屋さんに
勧められたって
それで
いいんじゃ
ない？
まあ
お孫さん？
なら
こちらの保険
子ども
老後のお金だってさ
生活費から
余ったお金を
コツコツと
貯金していけば
余裕でしょ
共働きで
二人の退職金だって
あるんだしさ
今から
不安に思ってたら
時間が
もったいないよ～
う…
う～ん…
ウチはこんな
感じなんですよ～
まずですね
学資保険は
貯まり
ますけど
増えない
ですよね

えっ!?
増えないんですか？
私が調べた10年前は返戻率が110%とかでしたけど
今はもっとシビアですね
国債の金利（長期金利）がずっと下がってきてますから
国債の金利
（長期金利）
そうなんだ〜！
知らなかった！ショック!!
親世代なんてもっと知らないですよね〜!?
でも学資保険は自分や夫にもしものことがあったらと思うと安心ですよね
とりあえず学費は確保できそうですもん
学資保険には
・親の死亡保障がある
・自動で積み立てられる
・節税できる（生命保険料控除）
というメリットはあります
保障

しかし お金が大きく増えるという ものではありません
これからもっと かかるな…
教育資金が 必要な人ほど
その 準備のための 資産形成は
子どもが 生まれたら すぐに考えないと いけません
やっぱり 二人目は 厳しいかも…
大学の学費 上がってるって 聞くし…
そういえば うちの夫が こんなこと 言ってた
へぇ 投資について 教わってくるの?
うだ夫 保険会社勤務のFP
いいじゃん!
オレ投資は 専門外だからさ
保険に 入ってれば 大丈夫じゃ ないの?
いやいや もしもの時の 不安には 保険で備え 資産形成には 投資をうまく 活用するべきだと 思うよ
保険
投資

うちは学資保険をやってるけど教育費はまだ不安だし老後は絶対足りない
だから投資を教わってきてくれたらオレも助かるよ
そうなんだよかった〜教わってくるよ！
…って
そうかあ学資保険だけじゃ足りないのか〜
か――っ
足りないそうです…
私も学資保険に入っておけば安心だと思っていたよ…
でも学資保険もやって投資で資産形成もってなると家計は厳しいな〜
そこはご安心ください
保険は「三角形」でいいんですよ
保険
三角形？

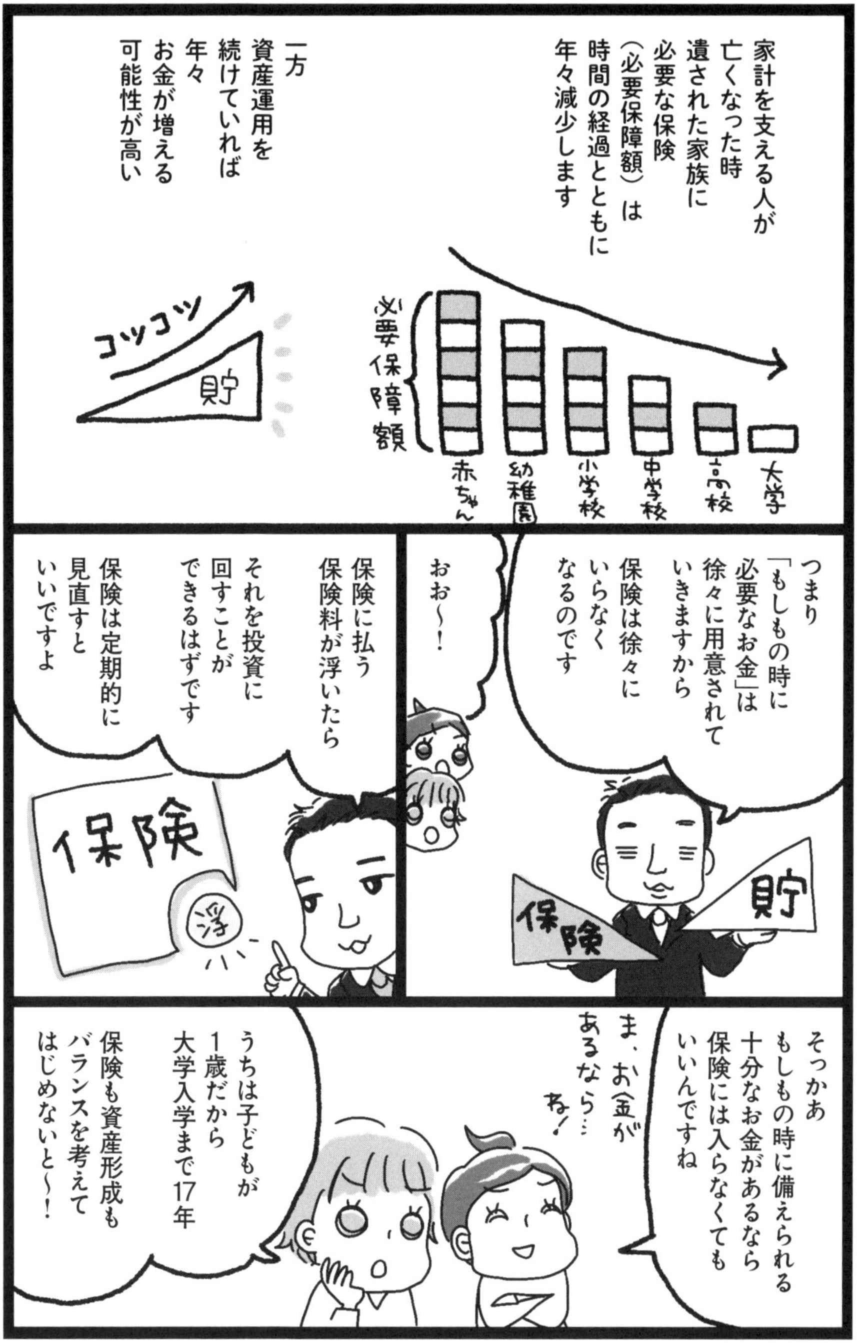
家計を支える人が亡くなった時遺された家族に必要な保険（必要保障額）は時間の経過とともに年々減少します
必要保障額
赤ちゃん
幼稚園
小学校
中学校
高校
大学
一方資産運用を続けていれば年々お金が増える可能性が高い
コツコツ
貯
つまり「もしもの時に必要なお金」は徐々に用意されていきますから保険は徐々にいらなくなるのです
おお～！
保険
貯
保険に払う保険料が浮いたらそれを投資に回すことができるはずです保険は定期的に見直すといいですよ
保険
浮
そっかあもしもの時に備えられる十分なお金があるなら保険には入らなくてもいいんですね
ま、お金があるなら…ね！
うちは子どもが1歳だから大学入学まで17年保険も資産形成もバランスを考えてはじめないと～！

投資のためのお金を用意するには?

もうやるしかないと思っているんですけど投資ってどうやって始めたらいいんですか?
「投資する方法」には
自分で株や債券を買う方法
と
投資信託という商品(投資のプロが選び出して分散して運用してくれる商品)を買う方法
があります
自分で買う!
お願いします!
ハイどうぞ
投資信託
なるほどね～うださんは自分で買ってるんですよね?
うん でも正直めんどいし全っ然儲かってない!
ドヤ顔で言われましても…
だからね…
先生! 投資のメリットはよくわかったし今すぐやりたい! 正確にはやり直したい!
でも…

もう物価が上がって毎月やりくりが大変で
これ以上投資するお金を捻出するのがホントのホントに難しいんですよ〜！
まだ保険の見直しができるほど備えの蓄えもないですし
子ども費もこれからどんどん上がってくるだろうし…
習い事〜塾〜受験〜！
食費や服飾費もかかる〜
おかわり〜
もうサイズアウト
うちも家を買って子どもが生まれて貯金も全然できなくて…
毎月カツカツです
ベビーグッズに新しい家具…飛んでいくお金…
こうなったら借金してでも投資をするべきでしょうか…？
借金の金利以上に投資で儲ければ…
うださんが下級ハンターの顔になってる

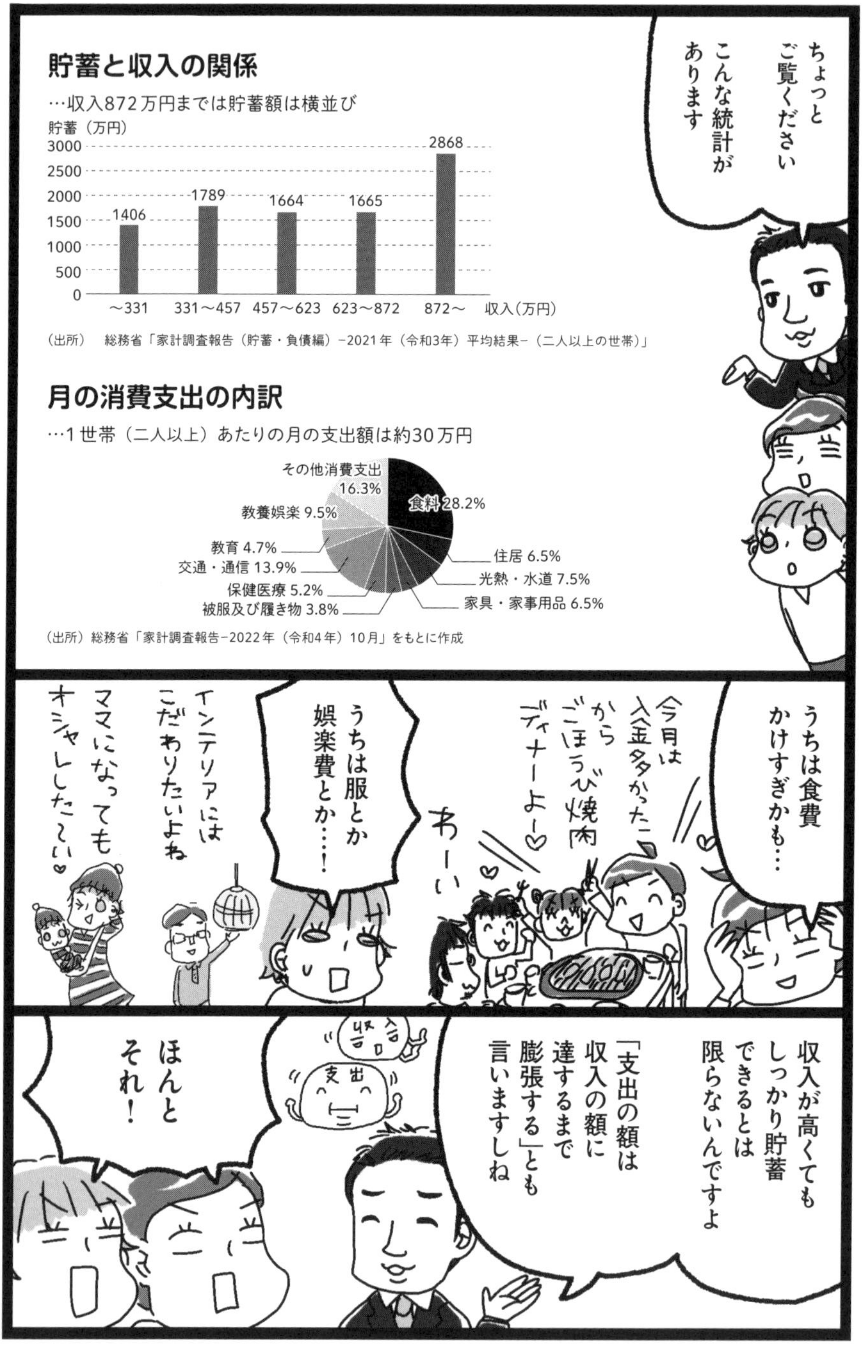
ちょっとご覧ください こんな統計があります
貯蓄と収入の関係
…収入872万円までは貯蓄額は横並び
貯蓄（万円）
3000
2500
2000
1500
1000
500
0
1406
1789
1664
1665
2868
〜331
331〜457
457〜623
623〜872
872〜
収入（万円）
（出所） 総務省「家計調査報告（貯蓄・負債編）−2021年（令和3年）平均結果−（二人以上の世帯）」
月の消費支出の内訳
…1世帯（二人以上）あたりの月の支出額は約30万円
食料 28.2%
住居 6.5%
光熱・水道 7.5%
家具・家事用品 6.5%
被服及び履き物 3.8%
保健医療 5.2%
交通・通信 13.9%
教育 4.7%
教養娯楽 9.5%
その他消費支出 16.3%
（出所）総務省「家計調査報告−2022年（令和4年）10月」をもとに作成
うちは食費かけすぎかも…
今月は入金多かったからごほうび焼肉ディナーよ〜♡
わーい
うちは服とか娯楽費とか…！
インテリアにはこだわりたいよね
ママになってもオシャレした〜い♡
収入が高くてもしっかり貯蓄できるとは限らないんですよ 「支出の額は収入の額に達するまで膨張する」とも言いますしね
収入
支出
ほんとそれ！

投資のためのお金を用意するにはまずは毎月の支出で削れそうな部分を見直しすることが大切です
余計な支出〜？あるかなあ…
言ってもそんなゼータクめったにしてませんけどー
いわゆる「固定費削減」は一度見直すと効果が持続します
シュパーン
固定費
・ケータイを格安通信会社に変える
・保険を見直してみる
などをすると投資に回せるお金が捻出できるはずですよ
固定費とは：毎月決まって払う住居費、水道光熱費など
おお
吉田さんの手刀すご〜い
格安スマホ気になるけど手続き大変そうでやってないんですよね…さっそくやってみます！
通信会社を変えなくてもプランの見直しでも安くなるかも
プロバイダも見直してみようかなそれならなんとか捻出できるかも…
PROVIDER A
PROVIDER B
PLAN A
PLAN B

はあ…
節約ももっと
がんばって
投資のためのお金を
貯めないとですね
生活費
投資のために
まとまったお金を
用意する必要は
ありませんよ
チッ
チッ
チッ
え!!
いいんですか!?
まずは
月々数千円でも
いいんです
千円からでもOK
1000
千円
でも
そんな少額じゃあ
投資とは
言えないのでは…?
そんなこと
ありません
何よりも
『毎月の収入から
投資に回せる仕組み』
をつくることが大切です!
収入
投資
投資に
回せる
仕組み…!?

お金を貯めやすくする方法のひとつに「先取り貯蓄」というのがありますよね
先取り貯蓄とは?
お給料が振り込まれたらすぐに一定金額を貯蓄に回すこと
収入
貯蓄
収入
使っていいお金
つまり
(収入)−(支出:使っていいお金)=貯蓄
という「残し貯め」ではなく
収入−貯蓄=使っていいお金
投資に回すお金も同じように先取りの仕組みがあるといいですよ
投資
たしかにそうでもしないと永遠にお金が用意できなさそうです
残ったお金で生活をやりくりしないとなんですね
物価高で厳しいけどやるしかないか
ふうー

うち住宅購入で
定期預金を解約
してからずっと
「残し貯め」に
してました…
そっか、だから
貯まらないのか!
収入
残
余ったお金を
貯金すれば
大丈夫でしょ~
ムダづかいしてないし
夫め~
できてないから
困ってるんだろ~
でも…
もしもの時を
考えると
やっぱり現金は
手元に欲しいから
投資にお金を
かけるのは
まだ先に
した方がいいかも
もうちょっと
余裕が
できないと…
生活費
生活費
本来は
生活費の
半年分くらいを
貯蓄してから
投資を始めたい
ところですが…
半年分
資産形成は
長期で運用することが
一番大切!

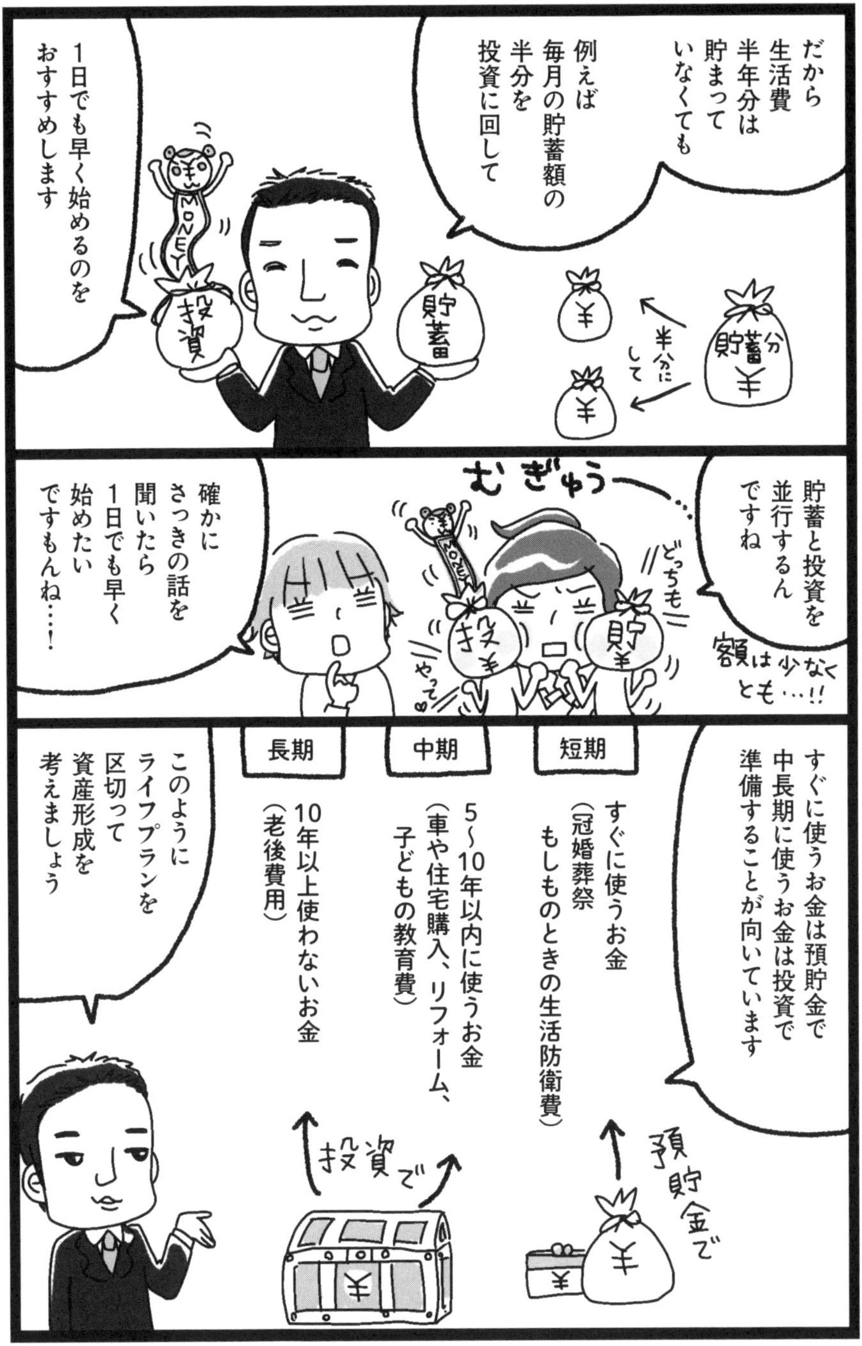

だから生活費半年分は貯まっていなくても
例えば毎月の貯蓄額の半分を投資に回して
貯蓄分
半分にして
貯蓄
投資
MONEY
1日でも早く始めるのをおすすめします
貯蓄と投資を並行するんですね
むぎゅう
どっちも
やって
額は少なくとも…!!
確かにさっきの話を聞いたら1日でも早く始めたいですもんね…!
すぐに使うお金は預貯金で中長期に使うお金は投資で準備することが向いています
短期
すぐに使うお金(冠婚葬祭 もしものときの生活防衛費)
中期
5~10年以内に使うお金(車や住宅購入、リフォーム、子どもの教育費)
長期
10年以上使わないお金(老後費用)
預貯金で
投資で
このようにライフプランを区切って資産形成を考えましょう

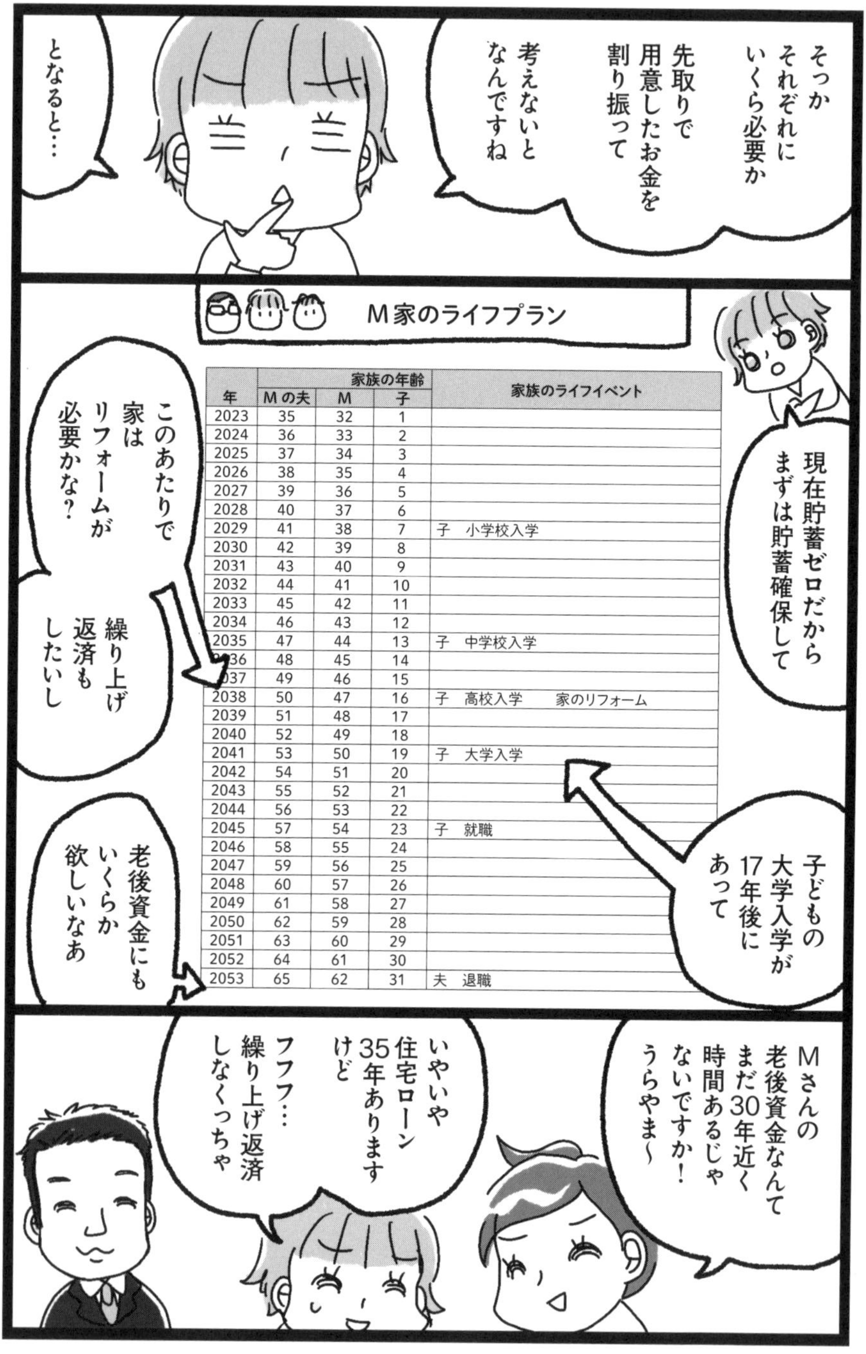

年	家族の年齢			家族のライフイベント
	Mの夫	M	子	
2023	35	32	1	
2024	36	33	2	
2025	37	34	3	
2026	38	35	4	
2027	39	36	5	
2028	40	37	6	
2029	41	38	7	子　小学校入学
2030	42	39	8	
2031	43	40	9	
2032	44	41	10	
2033	45	42	11	
2034	46	43	12	
2035	47	44	13	子　中学校入学
2036	48	45	14	
2037	49	46	15	
2038	50	47	16	子　高校入学　　家のリフォーム
2039	51	48	17	
2040	52	49	18	
2041	53	50	19	子　大学入学
2042	54	51	20	
2043	55	52	21	
2044	56	53	22	
2045	57	54	23	子　就職
2046	58	55	24	
2047	59	56	25	
2048	60	57	26	
2049	61	58	27	
2050	62	59	28	
2051	63	60	29	
2052	64	61	30	
2053	65	62	31	夫　退職

住宅ローン返済は無理に早めなくていいですよ
時々繰り上げ返済にムキになる方がいらっしゃいますけど
うちのことですね
だって早く楽になりたくて
投資は長期でとお伝えしたようにもしまとまったお金があるなら
繰り上げ返済に回すよりも投資に回した方が資産は増えやすくなります
繰り上げ返済
投資
ゆっくりで大丈夫だよ～
今の住宅ローンは金利が低いですし35年でコツコツ返済していけばいいんです
住宅ローン控除もありますしね
たしかに…！

月3000円が20年で120万円!?

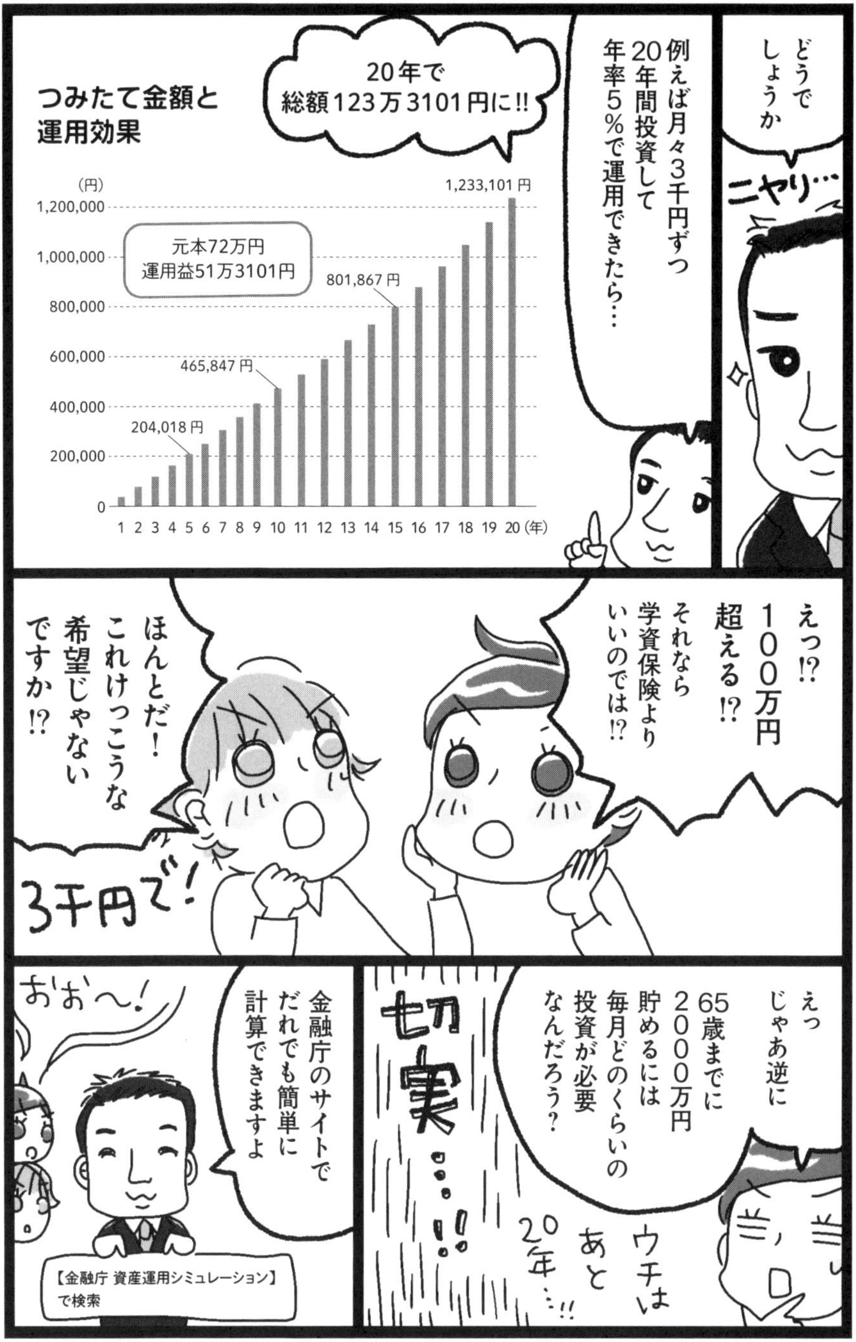

どうでしょうか
ニヤリ…
例えば月々3千円ずつ20年間投資して年率5%で運用できたら…
20年で総額123万3101円に!!
つみたて金額と運用効果
(円)
1,233,101 円
801,867 円
465,847 円
204,018 円
元本72万円
運用益51万3101円
1,200,000
1,000,000
800,000
600,000
400,000
200,000
0
1 2 3 4 5 6 7 8 9 10 11 12 13 14 15 16 17 18 19 20 (年)
えっ⁉ 100万円超える⁉
それなら学資保険よりいいのでは⁉
ほんとだ! これけっこうな希望じゃないですか⁉
3千円で!
えっ じゃあ逆に65歳までに2000万円貯めるには毎月どのくらいの投資が必要なんだろう?
切実…!!
ウチは あと20年…!!
金融庁のサイトでだれでも簡単に計算できますよ
おお〜!
【金融庁 資産運用シミュレーション】で検索

うちはあと30年として残し貯めだけど月々3～4万円はできてたはずだから…
試算
半分の2万円を投資に回すとして年率5％なら約1600万円
家計を見直して先取り貯蓄で増やしたら2000万円に届く！
30年間 年率5％で計算すると
月々2万円積み立てなら
約1600万円に！
月々3万円積み立てなら
約2500万円に！
うちの場合は2000万円を15年で目標にすると…
うん、ちょっと無理感がすごいけど
私は自営業だし一般的な定年時期よりもうちょっと仕事がんばって
20年かけて資産形成すれば
20年で5％なら月々約5万円で2000万円超える!?
今すぐ5万円は無理だけどなんとかなりそう
15年で 2000万円 貯めるなら
年率3％だと 月々8万8200円
年率5％だと 月々7万4900円
20年で 2000万円 貯めるなら
年率3％だと 月々6万1000円
年率5％だと 月々4万8700円

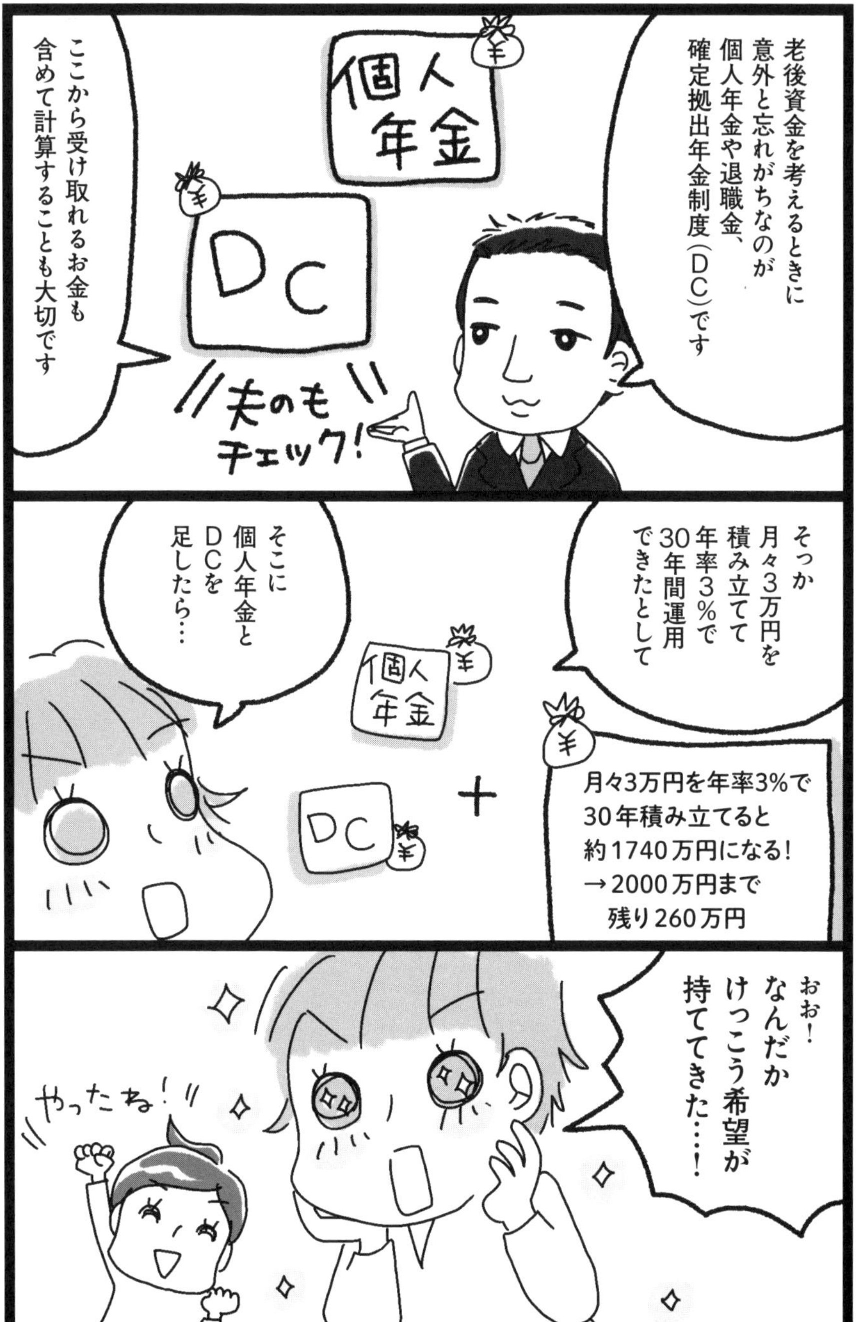

老後資金を考えるときに意外と忘れがちなのが個人年金や退職金、確定拠出年金制度（DC）です
個人年金
DC
夫のもチェック！
ここから受け取れるお金も含めて計算することも大切です
そっか月々3万円を積み立てて年率3％で30年間運用できたとして
そこに個人年金とDCを足したら…
個人年金
DC
＋
月々3万円を年率3%で30年積み立てると約1740万円になる！→2000万円まで残り260万円
おお！なんだかけっこう希望が持ててきた…！
やったね！

でも吉田さん
今、銀行の定期預金って利率0・002%ですよね!?
ハイ
はっ
3%、5%の利率で計算しているけどもしかしてこれってものすごーく希望的観測なんじゃないですか?
確かに!
ドロン
今すぐ!一刻も早く!始めなきゃ~!!なんて浮かれていたけど
捕らぬ狸の皮算用では?
それ私よくやるやつです!
本当に大丈夫なんですか?
私たちをだましていませんか!?
じ~…
タヌキ2匹…
年利3%、5%という数字は
過去の運用成績を振り返れば無理な数字ではありません

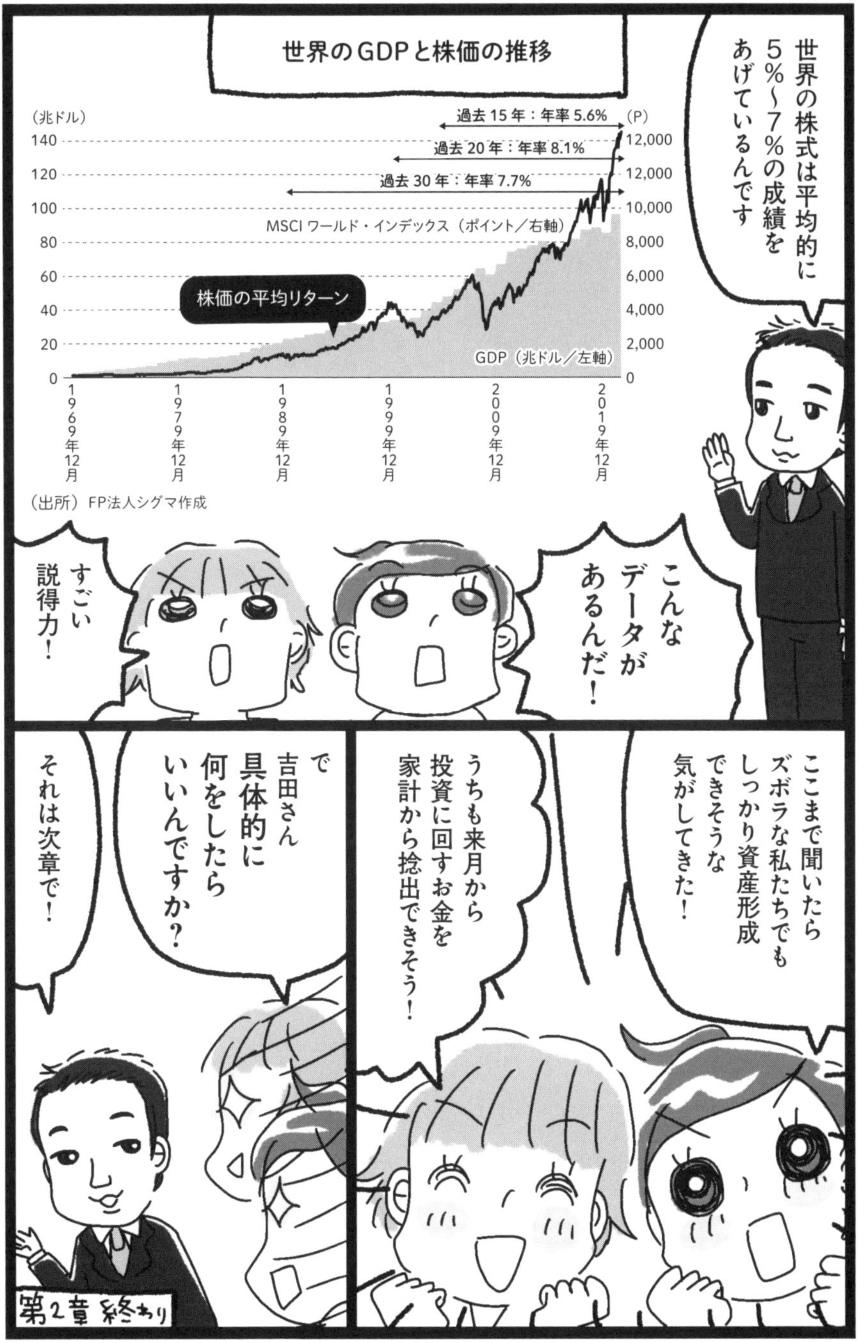
世界のGDPと株価の推移
（兆ドル）
140
120
100
80
60
40
20
0
過去15年：年率5.6%
過去20年：年率8.1%
過去30年：年率7.7%
（P）
12,000
12,000
10,000
8,000
6,000
4,000
2,000
0
MSCI ワールド・インデックス（ポイント／右軸）
株価の平均リターン
GDP（兆ドル／左軸）
1969年12月
1979年12月
1989年12月
1999年12月
2009年12月
2019年12月
（出所）FP法人シグマ作成
世界の株式は平均的に5%〜7%の成績をあげているんです
こんなデータがあるんだ！
すごい説得力！
ここまで聞いたらズボラな私たちでもしっかり資産形成できそうな気がしてきた！
うちも来月から投資に回すお金を家計から捻出できそう！
で吉田さん具体的に何をしたらいいんですか？
それは次章で！
第2章 終わり

COLUMN 3

老後にもらえるお金とかかるお金はいくら？

老後資金の準備はいつから始めるべき？

「老後にもらえるお金とかかるお金」というコラムのタイトルを見て、「私にはまだまだ関係ない内容」だと思った人もいるのではないかと思います。20〜30代の人にとって、老後は30〜40年以上も先の話ですから、「その前に、住宅購入や子どもの教育費の準備をしなきゃ」と考える人が多いかもしれません。

住宅資金、教育資金、老後資金は「人生の3大資金」と呼ばれる、金額が大きく、簡単には用意できないお金です。なかでも教育資金は、お子さんがいるご家庭では、用意する期限が決まっているお金ですから、「1日でも早く準備しなきゃ」と思うでしょう。住宅資金も子どもの教育費負担が大きくなる前に、頭金を貯めたいと思うのが人情というものです。

だからといって、老後資金の準備を後回しにしていいわけではありません。往々にして、子どもの教育費負担が終わる頃には、自身の老後が迫っているからです。

例えば、マンガに登場したMさん家の場合、現在1歳のお子さんが大学を卒業し、就職するのは、Mさんが54歳、ご主人は57歳の時です。お二人とも65歳になるまで働くとしても、お子さんの大学卒業後に老後資金の準備を始めたら、そのための期間は10年程度しかありません。

もちろん、定年時には退職金が支払われるでしょうし、65歳以降は公的年金も受給できます。特に、Mさん家のように共働き家庭の場合には、2人分の退職金が入るうえ、老後も2人分の「老齢厚生年金+老齢基礎年金」を受け取ることができます。現役時代に貯めたお金もあるでしょう。「それだけあれば、老後にお金で困ることなんてないでしょ?」と思うかもしれません。

Mさん家の年金額シミュレーション

【前提条件】

Mさん（1990年6月生まれ）：
勤続10年目（厚生年金加入期間：10年、国民年金加入期間：12年）
平均年収（額面）：300万円（月収25万円）
60歳以降の年収（額面）：150万円（65歳になるまで働く）

Mさん夫（1987年5月生まれ）：
勤続13年目（厚生年金加入期間：13年、国民年金加入期間：15年）
平均年収（額面）：600万円（月収50万円）
60歳以降の年収：300万円（65歳になるまで働く）

		Mさんの年金額	夫の年金額	家計の年金額	
				夫が65歳～	夫が68歳から
老齢基礎年金		77.78万円	77.78万円	77.78万円	155.56万円
老齢厚生年金	報酬比例部分	77.49万円	148.1万円	148.1万円	225.59万円
	経過的加算	0.03万円	3.92万円	3.92(+38.89※)万円	3.95万円
合計		155.3万円	229.79万円	268.68万円	385.1万円
	（参考月額）	12.94万円	19.15万円	22.39万円	32.09万円

※夫65～67歳まで加給年金38.89万円／年が支給される

本当に「大丈夫」なのかどうか、Mさん家を例にシミュレーションしていきましょう。まずは、「老後にもらえるお金」からです。

Mさん家の年金額は？

現在、Mさん家は夫（35歳）、Mさん（32歳）、子ども（1歳）歳の3人家族です。22歳から59歳までの平均年収は夫が額面で600万円、Mさんが300万円。60歳から64歳は、夫が300万円、Mさんが150万円の見込みです。

将来もらえる公的年金の見込み額は、夫が65歳から67歳、つまりMさんが退職するまでの2年間は年間約269万円、Mさんの退職後は約385万円になる計算です。Mさん家の現役時代の平均収入は年間900万円ですから、老後は収入が半分以下になってしまいます。なお、この試算は、2022年時点の年金制度に基づいたものであり、将来、この

Mさん家の収支と貯蓄残高の推移

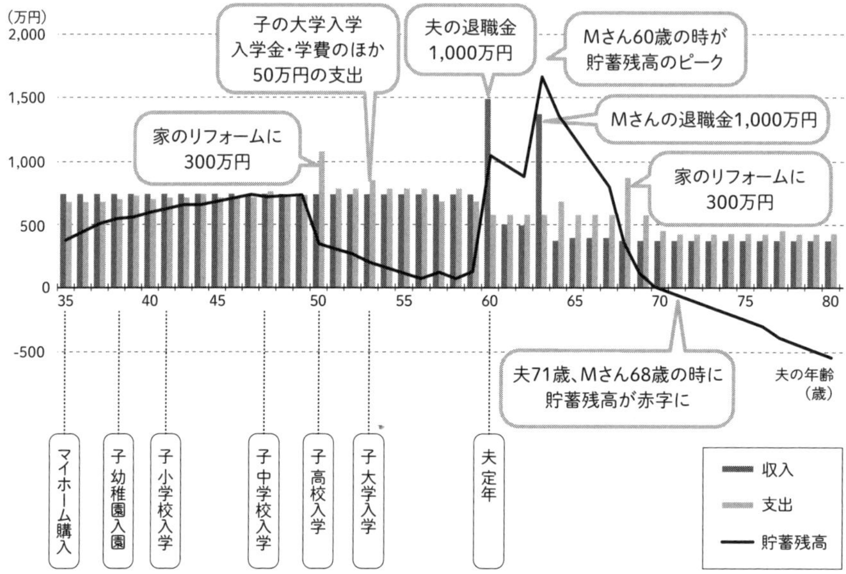

(万円)
2,000
1,500
1,000
500
0
-500
35
40
45
50
55
60
65
70
75
80
子の大学入学
入学金・学費のほか
50万円の支出
夫の退職金
1,000万円
Mさん60歳の時が
貯蓄残高のピーク
Mさんの退職金1,000万円
家のリフォームに
300万円
家のリフォームに
300万円
夫71歳、Mさん68歳の時に
貯蓄残高が赤字に
夫の年齢
(歳)
マイホーム購入
子幼稚園入園
子小学校入学
子中学校入学
子高校入学
子大学入学
夫定年
収入
支出
貯蓄残高

【支出の設定】
・子どもは中学まで公立、高校は私立、大学は私立文系
・Mさんと夫の退職金はそれぞれ1,000万円
・住宅購入の借入金は4,000万円　35年固定ローン
・80歳までに国内旅行（30万円）に5回、海外旅行（100万円）に2回行く
・Mさん50歳と65歳の時に家をリフォーム（300万円×2回）

金額の限りではありません。
そうなると、気になるのはMさん家の家計が老後も安泰なのかどうかです。上図は、「夫婦そろって多趣味」で、なかでも「旅行が好き」な、やや支出が多めのM家の収入と支出、貯蓄残高の推移を表したものです。
現役時代の生活費は年間550万円、夫が60歳以降は年間400万円で、この間、年率0・1%のインフレが続くと仮定します。
子どもは中学までは公立、高校は私立、大学は私立文系に進む前提で試算してあります。また、子どもが幼稚園の年中の時と小学校3年の時、中学校1年の時に、1回あたり30万円かけて国内旅行に出かけます。Mさんが55歳から80歳までの間には海外旅行を2回、国内旅行を2回し、47歳と65歳のときに自宅のリフォームを行います。なお、Mさんも夫も60歳退職時に退職金を1000万円受け取ります。

老後に必要なお金の考え方

（ 老後の収入（年金+給料など） － 支出（生活費+社会保険料など） ）× 65歳以降に生きる年数 ＝ 老後にかかるお金

〈例〉高齢夫婦（65歳以上2人以上・無職世帯）の場合

実収入 20万1762円 － 実支出 26万2220円 ＝ －6万458円

月々6万458円の赤字

（可処分所得は21万5107円）

● 長生きした場合の赤字額

85歳まで生きると	約1450万円
90歳まで生きると	約1810万円
100歳まで生きると	約2540万円

平均寿命が男性81歳、女性87歳なので多くの人は1,800万円程度不足する。

公的年金が少ない人は、
そのぶん、
自分で用意する
お金が増えます

（出所）総務省「家計調査報告（家計収支編）2021年」

グラフからもわかるように、現役時代は、着々と貯蓄が増えていき、Mさんが60歳になるときには、1600万円を超えます。老後、公的年金以外に必要なお金が2000万円だとすれば、Mさん家の老後はちょっと厳しい程度でしょう。ところが、なんとMさんが68歳のときに貯蓄がマイナスになり、以降プラスに戻ることはないという試算になってしまいました。

ちなみに、老後の生活費は年間400万円、月額では約33万円です。ゆとりある老後には月37万円必要という調査もあることから、すごく贅沢をしているわけではありませんが、それでも人生の晩年に借金生活をすることになってしまいます。

「Mさん家はお金を使いすぎなんじゃないの?」と思うかもしれませんね。でも、ご自分のシミュレーションをしてみると、同じようなパターンになるかもしれませんよ。

国民年金と厚生年金の仕組みと受給額

2階部分		厚生年金 （老齢厚生年金）	
1階部分	国民年金（老齢基礎年金）		
	第1号被保険者	**第2号被保険者**	**第3号被保険者**
加入する人	日本国内に住む 第2号、第3号 被保険者以外の 人（外国人も含む）	厚生年金に 加入している人 （外国人も含む）	第2号被保険者である 配偶者に扶養されている人 （外国人も含む）で 住民票が国内にある人
職業など	自営業者、フリーランス、 フリーター、農業・漁業従事者、 学生、無職の人など	会社員、公務員、 条件を満たす パートタイマーなど	専業主婦（夫）など
加入年齢	20歳以上60歳未満	原則70歳未満	20歳以上60歳未満
保険料	月額1万6590円 （免除制度あり）	標準報酬月額の 18.3％（労使折半）	なし （第2号被保険者全体で負担）
もらえる年金額	満額77万7800円	年収によって 異なる（上限あり）	満額77万7800円

65歳から支給開始

もらえる年金 1階部分
老齢基礎年金（国民年金）
平均月額　5万6358円
国民年金加入期間によって受給額が異なる

2階部分
老齢厚生年金（厚生年金）
平均月額　14万4366円
働いた期間や年収によって受給額が異なる

老後に必要なお金の考え方

ここで、老後に必要なお金の考え方（計算の仕方）を押さえておきましょう。老後に必要なお金は、公的年金や給料など「老後の収入」から、生活費や社会保障費などの「支出」を引いて、65歳以降に生きる年数を掛けて計算します。

平均的な高齢夫婦の収入と支出をもとに月々の収支を計算すると、月額6万4558円の赤字が見込まれます（P.87参照）。この場合、85歳まで生きると約1450万円の赤字、90歳まで生きると約1810万円の赤字になる計算です。

自分が受け取れる年金を知っておこう

老後の支出は、それぞれの家庭によって異なります。とはいえ、生活費は家計簿を見れば、なんとなくわ

公的年金予想額（年額）の早見表

厚生年金加入期間	老齢厚生年金				老齢基礎年金
	年収300万円	年収500万円	年収700万円		（収入は関係ない）
	標準報酬額 月25万円	標準報酬額 月41.7万円	標準報酬額 月58.3万円		
10年	約16万円	約27万円	約38万円	＋	約19万円
20年	約33万円	約55万円	約77万円		約39万円
30年	約49万円	約82万円	約115万円		約58万円
40年	約66万円	約110万円	約153万円		約78万円

※2022年10月時点の予想額（金額は変更される可能性があります）

かるのではないでしょうか。

一方、老後の収入は、ずっと仕事を続けるのでなければ、公的年金が収入の柱となります。公的年金からいくらもらえるのかを知るには、公的年金の制度を理解し、自分はどの年金を受け取れるかを理解しておく必要があります。

そもそも公的年金は、20歳から60歳に達するまで40年間、国民全員が加入することになっています。働き方によって、加入する年金が異なるので、自分はどの年金に加入しているのかを理解する必要があります。

自営業やフリーランスなど会社に所属しない働き方をする人や、20歳以上の学生、無職の人は、国民年金の「第1号被保険者」と呼ばれ、国民年金に加入します。国民年金の保険料は1か月あたり1万6590円（2022年度の場合）です。

国民年金は、原則として65歳から年金（老齢基礎年金）を受け取ること

ができます。40年間加入した場合、満額の年金（月額6万4816円）を亡くなるまで受け取れます。ただし、年金額は毎年改定されるため、今後も同額を受け取れるとは限りません。

民間企業に務める会社員や公務員は、国民年金の「第2号被保険者」といい、「厚生年金」に加入します。厚生年金の保険料は、給料によって異なり、月給（標準報酬月額）の18・30％で、会社と従業員が半分ずつ負担することになっています。なお、従業員の負担分は、毎月の給料やボーナスから天引きされています。ちなみに、第2号被保険者は、自動的に国民年金にも加入しています。

厚生年金加入者も、原則として65歳から年金を受け取れます。ただし、男性は1961年4月1日以前、女性は1966年4月1日以前に生まれた人は、65歳より前から受給が始まります。受け取る金額は、老齢基礎年金（満額で月額6万4816円

「ねんきん定期便」(50歳未満)の内容を確認しよう

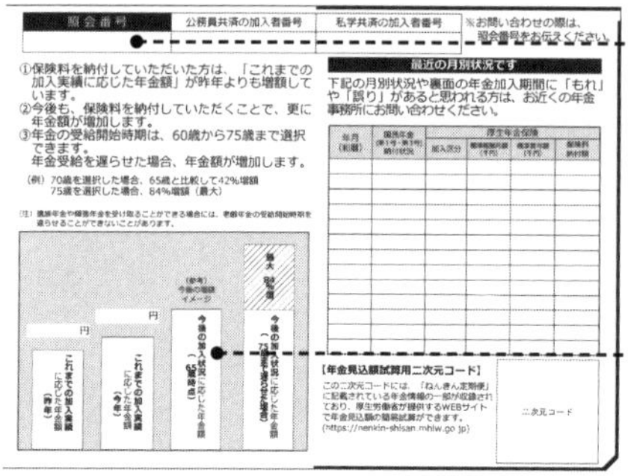

ポイント①　年金番号を確認
「ねんきん定期便」や「ねんきんネット」への問い合わせに必要な番号

ポイント②
老齢年金の見込み額をチェック
65歳から受け取れる老齢年金の見込み額と、75歳まで受け取りを遅らせた場合の見込み額

ポイント③　保険料納付額をチェック
これまでに払った保険料の合計額

ポイント④　受給資格期間を確認
年金を受給する資格があるかどうかを判断する基準となる期間。合計が10年（120カ月）以上必要になる。

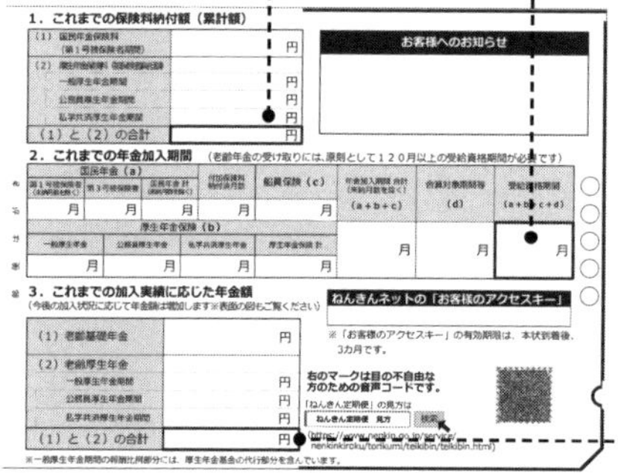

ポイント⑤
老齢年金の見込み額をチェック
これまでに加入した期間に応じて計算した年金額（年額）。加入期間などが増えれば年金額も増える可能性がある。

／2022年の場合）と、現役時代に支払った保険料に応じて受け取る金額が変わる老齢厚生年金があります（P.89「公的年金予想額の早見表」参照）。

会社員や公務員に扶養されている配偶者で、年収130万円未満の20歳以上60歳未満の人の年金受給額は77万7800円です。年収130万円未満でも、厚生年金の加入要件を満たす場合は、第3号被保険者には当たりません。保険料は配偶者が加入する厚生年金が負担するため、本人は直接保険料を払わないものの、国民年金に加入していて、老後は老齢基礎年金を受け取れます。

公的年金加入者は、毎年誕生月に「ねんきん定期便」が届きます。自分の年金に関する情報や、将来受け取る年金の見込み額が書かれています。ただし、見込み額は、これまでの保険料納付額をもとに試算したもので、今後の働き方や給料などで変わるため、参考程度に考えましょう。

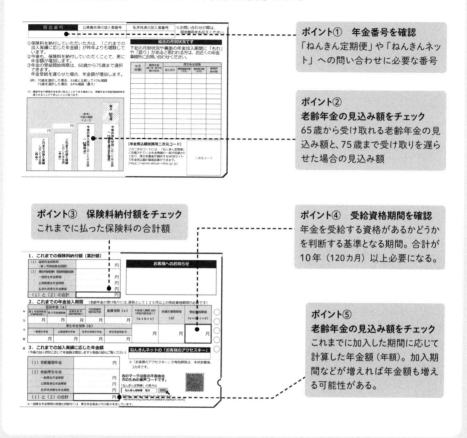

第3章

コツコツ増やしてローリスク！つみたてNISA

投資は長～い目で見る

まず知っておいていただきたいのは・・・
しゅるるん
資産形成の基本は
長期
分散
つみたて
この3つです！
それ投資の話だとよく聞くワードですね
どうしてその3つが基本なんですか？
さきほど世界の経済と株価のグラフを見ましたが
世界のGDPと株価の推移
過去15年：年率5.6%
過去20年：年率8.1%
過去30年：年率7.7%
株価の平均リターン
(P)
140
120
100
80
60
40
20
0
12,000
10,000
8,000
6,000
4,000
2,000
1969年12月
1979年12月
1989年12月
1999年12月
2009年12月
2019年12月
（出所）FP法人シグマ作成
拡大すると下がっているときがあります
ココ！
ココ！

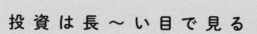

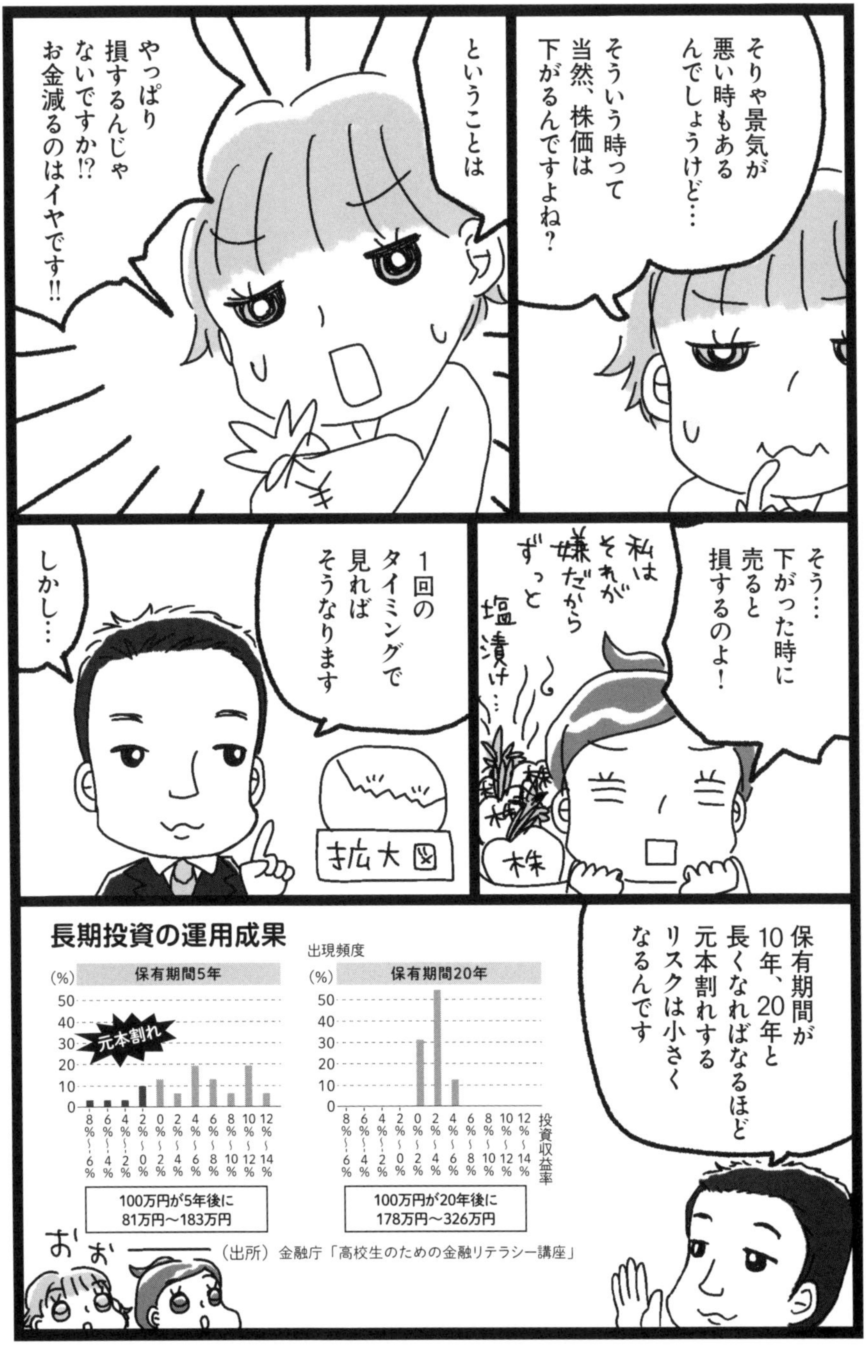
そりゃ景気が悪い時もあるんでしょうけど…
そういう時って当然、株価は下がるんですよね?
ということは
やっぱり損するんじゃないですか!? お金減るのはイヤです!!
そう… 下がった時に売ると損するのよ!
私はそれが嫌だからずっと塩漬け…
株
1回のタイミングで見ればそうなります
拡大図
しかし…
保有期間が10年、20年と長くなればなるほど元本割れするリスクは小さくなるんです
長期投資の運用成果
出現頻度
(%)
保有期間5年
元本割れ
50
40
30
20
10
0
-8%~-6%
-6%~-4%
-4%~-2%
-2%~0%
0%~2%
2%~4%
4%~6%
6%~8%
8%~10%
10%~12%
12%~14%
100万円が5年後に81万円～183万円
保有期間20年
投資収益率
100万円が20年後に178万円～326万円
おお――
(出所) 金融庁「高校生のための金融リテラシー講座」

つまり
資産形成は長期でやること！
これは鉄則です！
長期
どーん

93ページの表を見ると最低でも5年以上はやらなきゃですね
時間、大事…！
一刻も早く始めなきゃ～！

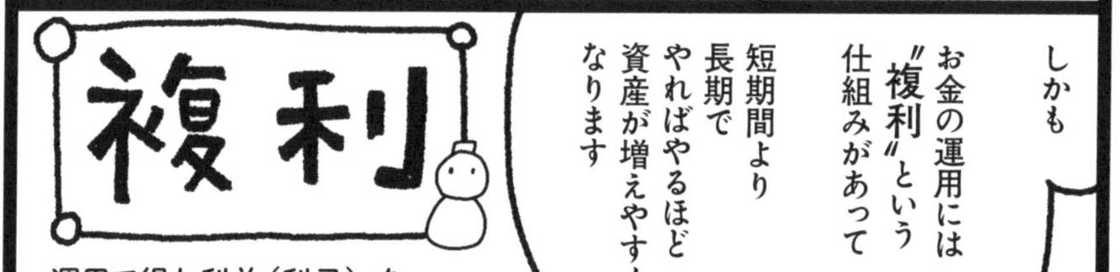
しかも
お金の運用には〝複利〟という仕組みがあって
短期間より長期でやればやるほど資産が増えやすくなります
複利

運用で得た利益（利子）を
当初の元本にプラスして運用すること。
利益が利益を生んでふくらむ効果がある。

複利運用の効果

投資元本100万円を複利で運用した場合（想定利回り3%、運用期間5年）

年数	元本（円）	利息（円）	累計利息（円）
0年目	1,000,000		
1年目	1,030,000	30,000	30,000
2年目	1,060,900	30,900	60,900
3年目	1,092,727	31,827	92,727
4年目	1,125,509	32,782	125,509
5年目	1,159,274	33,765	159,274

投資による運用益合計15万9274円

これぞ雪だるま式ってことですね
ゴロゴロ
おお…！
利子にも利子がついてさらに利子がついて…？
ゴロゴロゴロゴロ
時間をかけるだけ着実に増える…！すごい！
まるまるBIG!!
だからこそ投資で得た利益は使わずに〝再投資〟に回して長期で運用することが大切なんです
詳しくは203ページのコラムをチェック！
長期で再投資で複利！ですね!!
メモメモ

投資先を分散してリスクを回避

で、その分散ってどうすればいいんですか?
う～ん
ちょっとずついろんな銘柄を買う…とか?
えっ私が?自分で?
無理ですよ～!
そう…自分で株をたくさん買うのは大変です
そこではいこちら!
投資信託
Fund
投資信託(ファンド)という強い味方があります!
投資信託!聞いたことありますうださん買ってるんですよね!?
う、うん
なんですか投資信託って!
…なんなんだろう?
知らないんですか～!

吉田さ〜ん
うえ〜ん
はい
まず簡単に
投資信託の
仕組みについて
説明しますね
ここ大事な
ところなんで！
早く〜
投資信託
Fund
そもそも
投資信託（ファンド）
って？
字の通り
信じて
託すもの
専門家が
たくさんの
銘柄に
分散して
投資して
くれている
ので
そこに
お金を託して
リターンを
もらう
仕組みです
お願い
しま〜す
まかせて
Fund
分散して
くれるん
ですね……！
どんどん
おまかせしたい……！
もう自分では
戦いたくない……！
Fund

投資信託の投資対象

債券	**（特徴）** 国や地方公共団体、会社などが発行する借用証書のようなもの。定期的に利子を受け取ることができ、満期日がくると「額面金額」を受け取れる **→安全性が高く、収益性がちょっとある** **（種類）** **国内債券**：日本の国や地方自治体、企業などが発行する債券 超低金利が続いているので、あまり利子はつかない **外国債券**：海外の国や企業が発行する債券 低金利が続く日本よりは、金利が高い債券もある
株式	**（特徴）** 会社が出資してくれた人に発行する証券。（上場企業の株式は）株式市場で売買され、株価上昇による値上がり益や利益の一部を分配する配当金が期待できる **→株価が変動するため、値下がりするリスクがある。企業の業績が悪化すると配当金が減ったり、なくなることもある** **（種類）** **国内株式**：日本の企業が発行する株式 **先進国株式**：海外の主に先進国の株式 株式の値動きと為替の動きが影響する **新興国株式**：これから経済発展が期待される国の株式 値動きも為替の動きも大きめ

そのほか、不動産、金、エネルギーなどに投資するものなどがある

ということは
投資信託はプロゴルファーって感じですかね
Fund
キラッ☆
ドライバーでしっかり飛ばしパターで確実に寄せるってわけですね…！
私たちがやっても同じにはなりませんね
あれっ
スカッ
ボスッ
イテッ
どこの国や企業がいつ景気がいいかなんて経済や投資のプロでも予測できません
だから投資する国や地域金融商品を分散してリスクを減らすんです
国内債券
先進国株式
外国債券
新興国株式

なるほど〜
ん？ってことは
分散も考えず無鉄砲に株式投資をやってた私って…
株
株
素手でゴルフボールを投げて
いくとこまでいけ〜〜！
オリャァアアアッ
って感じですかね？
ポチャッ
あはは！
そんで池ポチャしちゃったみたいな？
笑えない…
いや—
無鉄砲すぎて見てられないですね
いや〜見捨てないで〜
わーん
うふふふふ

コツコツつみたててしっかり増やす！

ですよね
私もそれを狙ってたけど全くできませんでした
見る?私の塩漬け株たち
株
株
株
そっか…!
目的は必要な資産を形成すること…
ハッ!!
資産形成にはつみたてで【時間分散】することが大事なんです!
つみたて
それが資産形成のポイント3つ目
つみたて…!

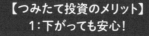

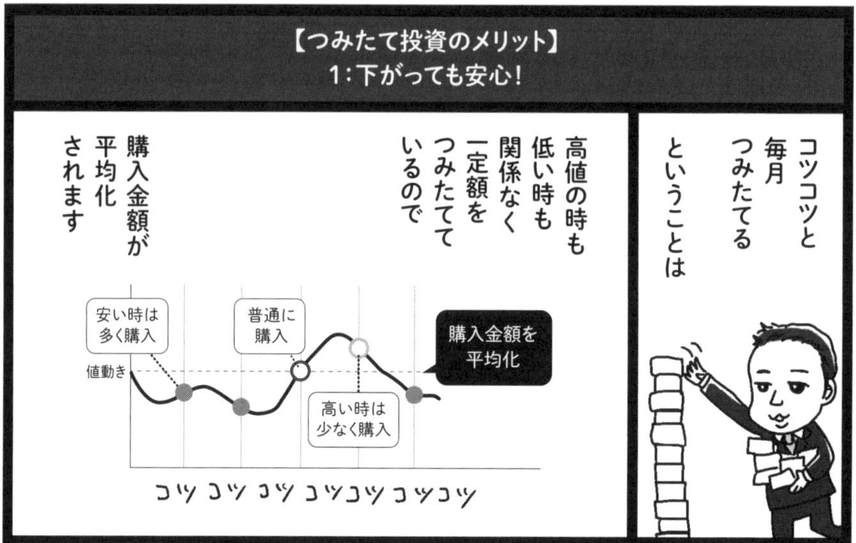
【つみたて投資のメリット】
1:下がっても安心!
コツコツと
毎月
つみたてる
ということは
高値の時も
低い時も
関係なく
一定額を
つみたてて
いるので
購入金額が
平均化
されます
安い時は
多く購入
普通に
購入
購入金額を
平均化
値動き
高い時は
少なく購入
コツ コツ コツ コツコツコツコツ

だから
一時値下がりしたとしても

毎月一定ずつ投資すると
1口あたりの平均購入単価を下げられる

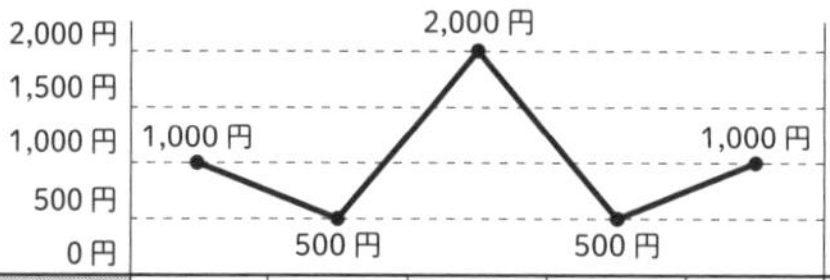
2,000円
1,500円
1,000円
500円
0円
1,000円
500円
2,000円
500円
1,000円

口数をたくさん
買えてた!

1万5000円の
利益を得られた

1口あたりの価格		1,000円	500円	2,000円	500円	1,000円	合計	1口あたりの平均購入額	5回購入時の評価額
毎月1万円ずつ購入	投資金額	10,000円	10,000円	10,000円	10,000円	10,000円	50,000円	約769円	65,000円
	購入口数	10口	20口	5口	20口	10口	65口		
毎月10口ずつ購入	投資金額	10,000円	5,000円	5,000円	5,000円	10,000円	50,000円	1,000円	50,000円
	購入口数	10口	10口	10口	10口	10口	50口		

んっ!?
口数たくさん
買えてて
利益を
得られた!?
どういうコト!?
口数って
なん
ですか?
口数とは、投資信託を
購入したり
解約(換金)したり
する時の取引単位の
ことです
投資信託を設定した
時は、原則
1口=1円です

このように価格が変動するものを同じ金額ずつ定期的に買い続けることをドルコスト平均法と言います
ドルコスト平均法
へ〜っなんかかっこいい言葉〜〜！
ドルコスト平均法とは
毎日リンゴを食べたいわ500円で買えるだけ買おう
リンゴ好きドル子ちゃん
500
リンゴが1個100円の時
5個買えたわ
500
100円
リンゴが1個50円の時
10個も買えたやったー！
500
50円
リンゴが1個125円の時
今日は4つだけか
500
125円

このように定期的にコツコツ同じ金額を買い続ければ安い時にはたくさん高い時には少なく買うことができるんです
おお
おお
なるほど〜!
1個50円
1個125円
500円
確かにそれなら下がっても安心ですね!
しゃくしゃく
いつ上がるかいつ下がるか判断しなくてもいいなんてドスコスト平均法すごい!
そう…
私なんかが『今だ!』って判断して買っても大体外れるのよ
フフフ…
経験者は語る…!
タイミングを分けるの超大事…!

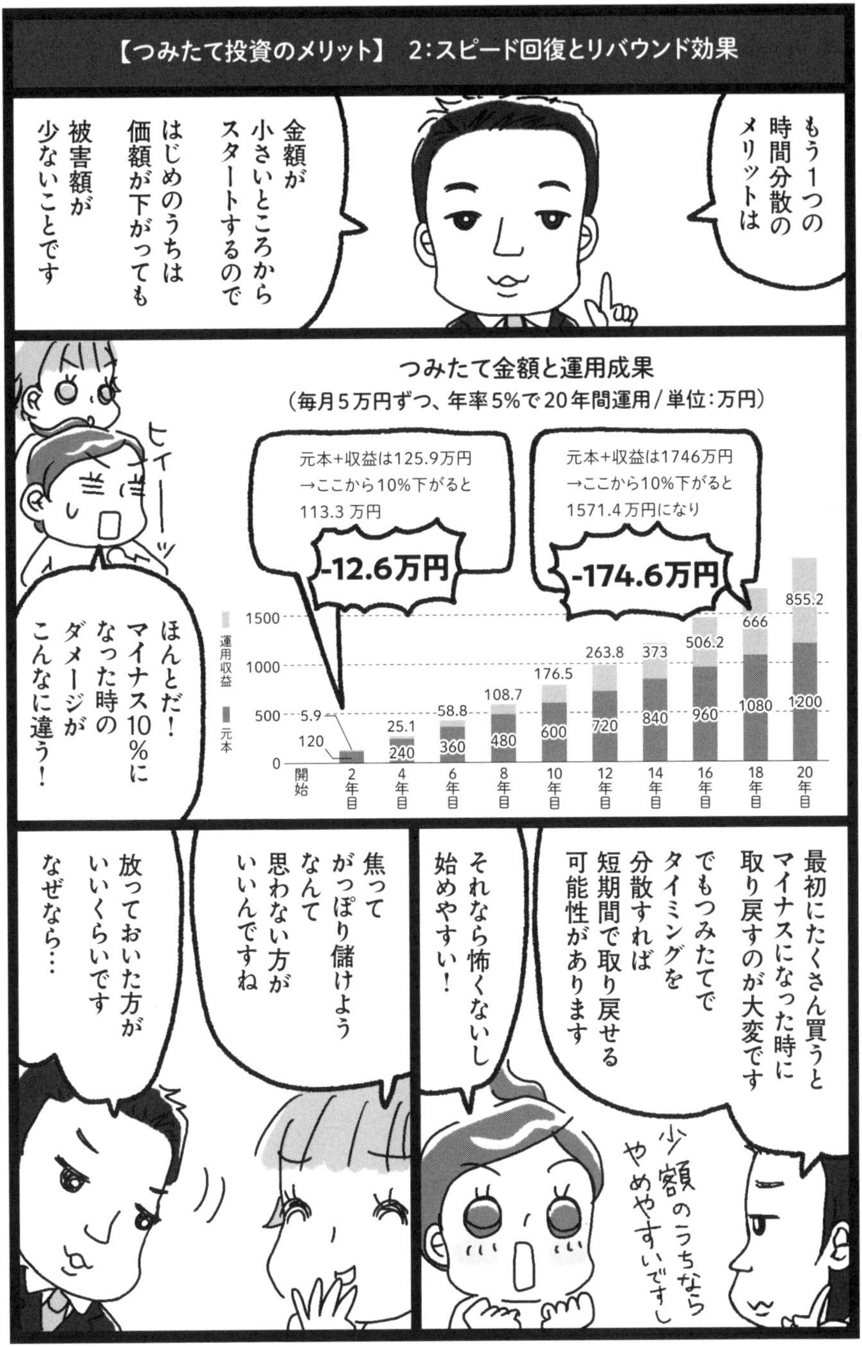
【つみたて投資のメリット】 2：スピード回復とリバウンド効果
もう1つの時間分散のメリットは
金額が小さいところからスタートするのではじめのうちは価額が下がっても被害額が少ないことです
つみたて金額と運用成果
（毎月5万円ずつ、年率5%で20年間運用／単位：万円）
元本+収益は125.9万円→ここから10%下がると113.3万円
-12.6万円
元本+収益は1746万円→ここから10%下がると1571.4万円になり
-174.6万円
運用収益
元本
0
500
1000
1500
開始
2年目
4年目
6年目
8年目
10年目
12年目
14年目
16年目
18年目
20年目
120
5.9
240
25.1
360
58.8
480
108.7
600
176.5
720
263.8
840
373
960
506.2
1080
666
1200
855.2
ヒィーーーッ
ほんとだ！マイナス10%になった時のダメージがこんなに違う！
最初にたくさん買うとマイナスになった時に取り戻すのが大変です
でもつみたてでタイミングを分散すれば短期間で取り戻せる可能性があります
それなら怖くないし始めやすい！
少額のうちならやめやすいですし
焦ってがっぽり儲けようなんて思わない方がいいんですね
放っておいた方がいいくらいです
なぜなら…

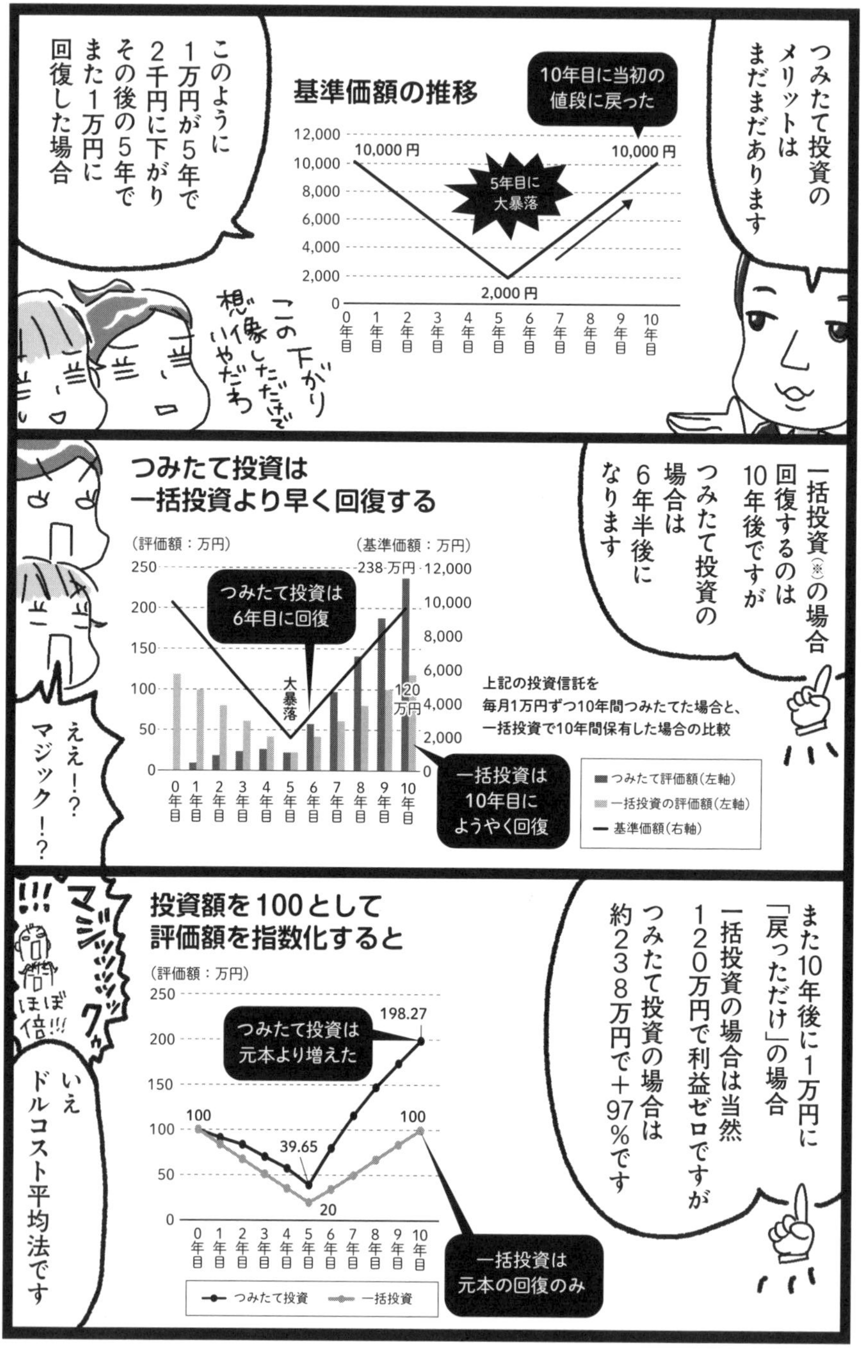

つみたて投資のメリットはまだまだあります
基準価額の推移
10年目に当初の値段に戻った
10,000円
10,000円
5年目に大暴落
2,000円
このように1万円が5年で2千円に下がりその後の5年でまた1万円に回復した場合
この下がり想像しただけでいやだわ
一括投資(※)の場合回復するのは10年後ですがつみたて投資の場合は6年半後になります
つみたて投資は一括投資より早く回復する
(評価額：万円)
(基準価額：万円)
238万円
つみたて投資は6年目に回復
大暴落
120万円
一括投資は10年目にようやく回復
上記の投資信託を毎月1万円ずつ10年間つみたてた場合と、一括投資で10年間保有した場合の比較
つみたて評価額(左軸)
一括投資の評価額(左軸)
基準価額(右軸)
ええ!? マジック!?
また10年後に1万円に「戻っただけ」の場合一括投資の場合は当然120万円で利益ゼロですがつみたて投資の場合は約238万円で+97%です
投資額を100として評価額を指数化すると
(評価額：万円)
つみたて投資は元本より増えた
198.27
100
100
39.65
20
一括投資は元本の回復のみ
つみたて投資
一括投資
!!!
マジッッッッックゥ
ほぼ倍!!!
いえドルコスト平均法です

※一括投資：一度にまとまった金額で投資すること

底値のタイミングで買うのが一番いいかと思うかもしれませんが
ええ つい…
ドキッ
これらのつみたて投資のメリットから分かるように
長期のつみたて投資では短期的な上がり下がりは気にする必要はありません
今が高いのか安いのか誰にもわかりません
フタしちゃお
¥
いつ始めてもいいんですね！
始めたい時が始め時！
ちょっと本気でこれはやらないと！
というかなんで今やってないの？くらいの気持ちになってきました！
ゴオオオ
火がついた！
それに1年でも投資期間が長い方が貯まりますよ
だからこそ思い立ったら今すぐです！
ハッ!!

いざ、口座開設！ 金融機関の選び方

金融機関の比較表

	ネット証券	証券会社（対面証券）	銀行（店舗）
いいところ	・スマホやPCで、24時間いつでも、どこでも取引できる ・買いたくないものを勧められたりしない	・対面で相談しながら口座開設したり、取引したりできる	・対面で相談しながら口座開設したり、取引したりできる
ちょっと嫌なところ	・全部自分で解決したり、決めたりしないとならない（コールセンターなどで相談できる会社もある）	・基本的には、営業時間中しか手続きや取引ができない ・買いたくないものを勧められることもある	・基本的には、営業時間中しか手続きや取引ができない ・買いたくないものを勧められることもある
手数料	安い（購入手数料がかからない会社もある）	ネット証券より高いところが多い	ネット証券より高いところが多い
投資信託つみたての最低取引金額	100円から1円単位など	1000円から1000円単位など	1万円から1000円単位など
商品の品揃え	多い	会社によって違いがある	証券会社よりは少なめ
その他	取引でポイントが貯まったり、貯まったポイントを使えるところもある	株式などにも投資できる	銀行に寄ったついでに相談したりできる

私は ポイント活用 したいから 楽天証券かな～
では 楽天証券の場合の 口座開設のやり方を ご説明しますね
Let's証券会社に口座開設
～楽天証券の場合～
PCからでもスマホからでもOK！
Rakuten 楽天証券
最短5分！
3ステップで口座申込完了！
メール登録
本人確認
お客様情報入力
スマホなら いつでも 口座チェック できますよ
ほほー
カンタン
具体的なやり方は
章末コラム132ページをcheck！

NISA《ニーサ》でつみたてを始めよう！

※2024年からは新NISA

2023年までの制度

	一般NISA	つみたてNISA
投資可能期間	～2023年	～2042年
非課税運用・保有期間	5年間	20年間
年間非課税枠上限	120万円	40万円
非課税となる生涯投資枠	最大600万円	最大800万円
投資可能商品	上場株式、ETF、公募株式投資信託、REITなど	長期・積立・分散投資に適した一定の投資信託（金融庁への届出が必要）
口座の利用	どちらか一方（毎年1回変更可能）	

2024年からの新制度

	成長投資枠	つみたて投資枠
投資可能期間	恒久化	
非課税運用・保有期間	無期限化	
年間非課税枠上限	240万円	120万円
非課税となる生涯投資枠	買付残高で1800万円（うち成長投資枠1200万円）	
投資可能商品	上場株式、ETF、公募株式投資信託、REITなど	長期・積立・分散投資に適した一定の投資信託（金融庁への届出が必要）
口座の利用	併用可能（1口座で管理）	

NISAとつみたてNISAの違いはこんな感じです

私は一般NISAをやってます！
えっへん
儲かってないのに得意気だ…

これらの特徴から
NISAとつみたてNISA制度の
メリットはズバリこちら!
NISA
つみたてNISA
①少額(100円)から始められる
②運用益が一定まで非課税
(2024年からの新制度は無期限)
③つみたてNISAには安心な商品がそろっている(※)
ジャーン
ジャッ
ジャッ
ジャッ
つみたてNISA
NISA
おぉ

※2024年からの新NISAのつみたて枠も同様

少額からできる
っていうのは
ずっと
吉田さんから
聞いてますね
① 少額から
できる
ハハ
前回
月々3千円でも
年率5%で20年間
つみたてなら
100万円超えるって
計算出ましたし
100円でも
3千円でも
しっかり
働きます
※79ページ参照
家計的に
ありがたい〜!
悪い人じゃなく
見えてきた!
つみたて
NISA
NISA
おさいふ
でもそれは
厳密に言うと
NISA
じゃなくても
できます
なので
1番のメリットと
言うと…

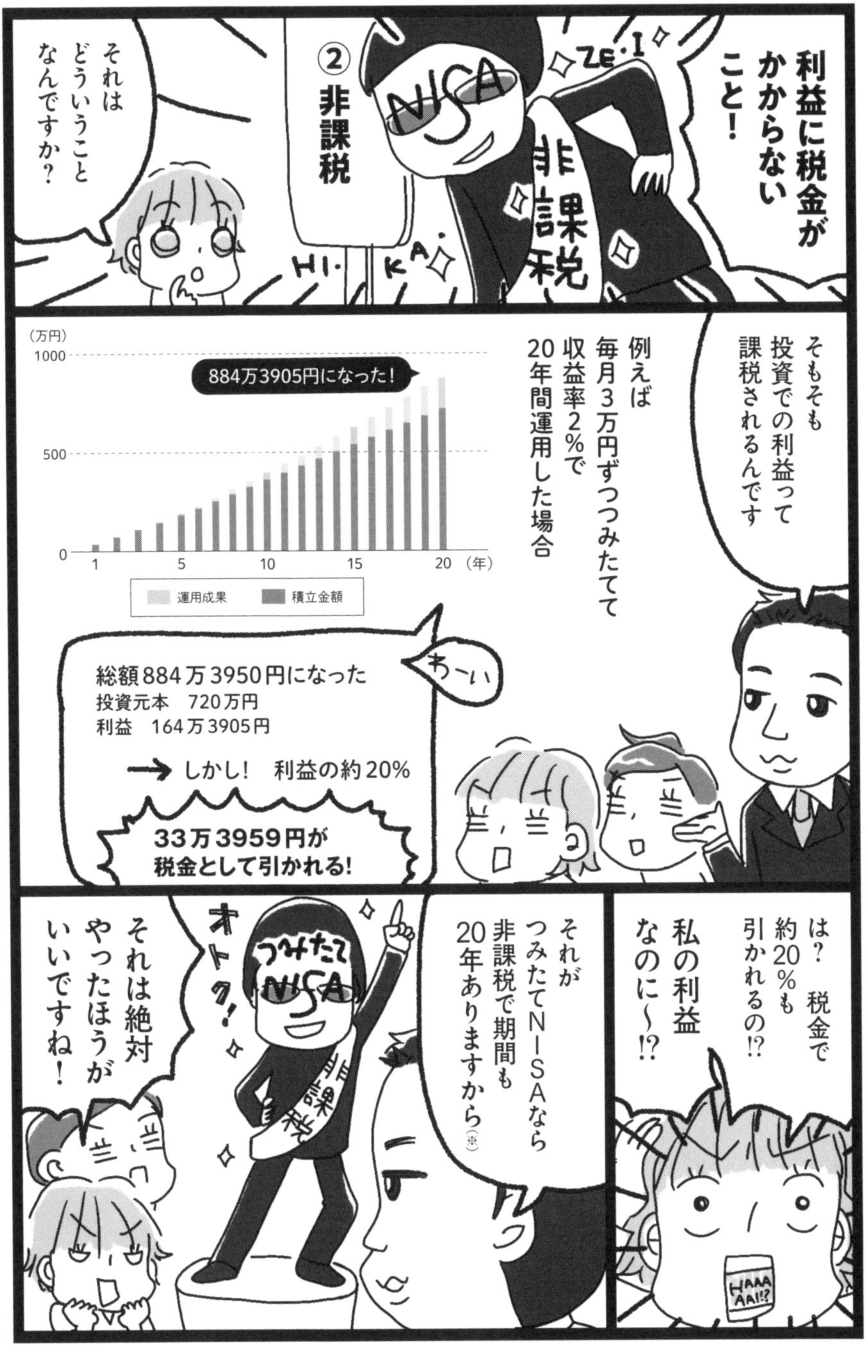
利益に税金がかからないこと!
ZE・I
HI・KA・
②非課税
非課税
NISA
それはどういうことなんですか?
そもそも投資での利益って課税されるんです
例えば毎月3万円ずつつみたてて収益率2%で20年間運用した場合
(万円)
1000
500
0
1
5
10
15
20
(年)
884万3905円になった!
運用成果
積立金額
あ〜い
総額884万3950円になった
投資元本　720万円
利益　164万3905円
→しかし!　利益の約20%
33万3959円が税金として引かれる!
は?　税金で約20%も引かれるの!?
私の利益なのに〜!?
HAAA AA!?
それがつみたてNISAなら非課税で期間も20年ありますから(※)
オトク!
つみたてNISA
非課税
それは絶対やったほうがいいですね!

※2024年からの新NISAは無期限

安心な商品がそろっているってのはどういうことなんですか？
③つみたてNISAには安心な商品がそろっている
つみたてNISA
非課税
これはつみたてNISAの話ですが…
金融庁の「お墨付き」の商品ばかりなんです！（※）
だから投資初心者にはおすすめです！
お墨付き
金融庁
つみたてNISA
非課税
リスクを抑えて投資ができます
え〜！そうなんですか⁉すごい！
あなたそんなだったの⁉
ええまあ
つみたてNISA

※2024年からの新NISAはつみたて枠が該当

※1 年間40万円の非課税枠の範囲内なら別のものに変えられる。ただし、これまでつみたてた投資信託を売って、別のものを買うことはできない
※2 2024年からの新NISAは無期限

※　非課税枠の再利用はできない

どっちもできるなんてオットク～♪
新NISA
つみたて
新NISA
成長
改正後はつみたて投資枠が年間40万円から120万円にど～んと増えるし保有期間も無期限になるしでいいことばかりですね♪
って言っても年間120万円ってことは…月10万円のつみたて⁉
10万円
10万円
10万円
10万円
10万円
10万円
そんなに枠をいただいても使えません…
今の私たちにはそうですね…無駄遣いを見直さなきゃ新NISAから始めようかな…
何はともあれ
はーーあ…
いえ新NISAを待たずに1年でも早い方がいいですよ
別枠で運用を続けられますし少額からでもOKなので長期でコツコツですよ
新NISA
現行NISA
そうだったそうだった
うずうず
じゃあ私は新NISAのために新しい口座をつくらなきゃですね
新たに作る必要はありません同じ金融機関で開けます
おお～！2024年が楽しみになってきた…！
新NISA
未来が明るくなってきた気がします♡

つみたてNISAの売り時はちょっと注意

なんですかそれ〜！嫌すぎます〜!!
イヤアアアアァァ
たしかに大学入学で入学金が必要というタイミングで大暴落が起きたら…？
いやあぁ、無理です無理ムリムリ〜！
つみたて怖いいいいっ！
何十年もかけたのにそんなぁぁ
どうすればいいんですか
何か方法はあるんですか!?
ズバリ
あります
使う時期が決まっているお金はその時期が近づいてきてお金が増えていたら現金にしておく方法もあります
コツコツコツコツコツコツ
増えてる!
使う!!
現金にしておく
?
?

お金が増えていたら
現金にする…？
え～そんなのやらなくちゃいけないんですか？
ほったらかしでいいんじゃなかったんですか～！
ブーブー
最後だけは肝心なのです
具体的にはいつくらいからチェックしたらいいですか？
お金が必要になる時期の5年くらい前から検討するのがいいでしょう
Check!
使う
5年前
どんなことすればいいんですか？
しぶしぶ…
株式相場の状況や資産が増えているのか景気がいいのか悪いのかなどチェックしましょう
資産
?
?

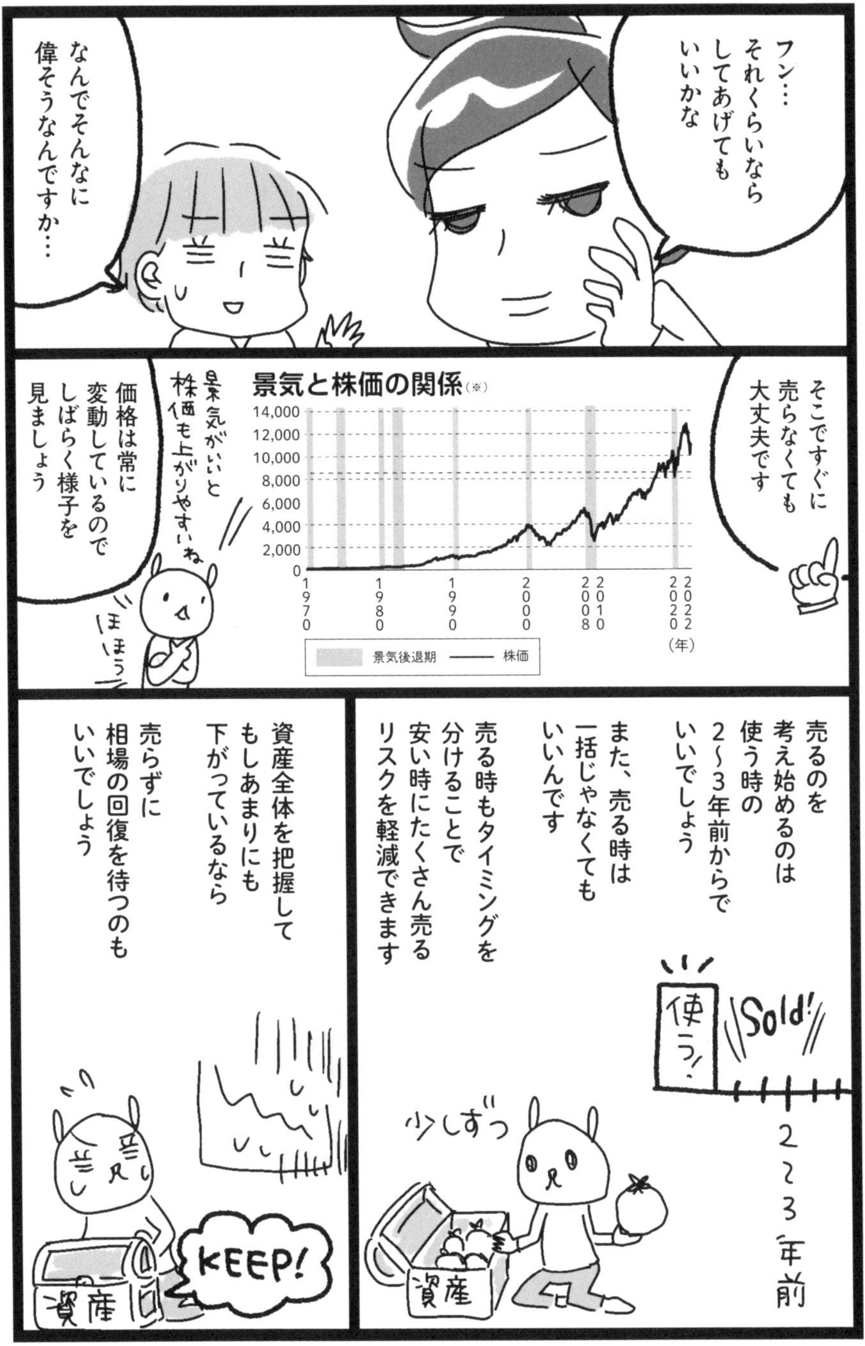
フン…
それくらいなら
してあげても
いいかな
なんでそんなに
偉そうなんですか…
そこですぐに
売らなくても
大丈夫です
景気と株価の関係(※)
14,000
12,000
10,000
8,000
6,000
4,000
2,000
0
1970
1980
1990
2000
2008
2010
2020
2022
(年)
景気後退期
株価
景気がいいと
株価も上がりやすいね
ほほう
価格は常に
変動しているので
しばらく様子を
見ましょう
売るのを
考え始めるのは
使う時の
2~3年前からで
いいでしょう
また、売る時は
一括じゃなくても
いいんです
売る時もタイミングを
分けることで
安い時にたくさん売る
リスクを軽減できます
使う!
Sold!
2~3年前
少しずつ
資産
資産全体を把握して
もしあまりにも
下がっているなら
売らずに
相場の回復を待つのも
いいでしょう
KEEP!
資産

※株価はMSCIワールド・インデックス(1969年12月末を100として指数化)

確かに それをやるだけで いざって時に 悲劇が訪れるのを 避けられそうね
めんどくさくても やる価値 ありそうね
ですね
メモメモ
また 使い道で 売り方を 変えるのも 手です
学費のためなら
目標金額に到達したら その時点で解約する
Sold!
老後資金なら
つみたては止めても そのまま投資信託で 持っておいて 運用で増やしながら 徐々に取り崩す
↓詳しくは136ページをチェック
60才
う…運用 しながら 徐々に 取り崩す？？？
はいぃ？
難しそう～ 自分でできるか かなり不安です！
いや まちがいなく 無理!!!

吉田さん!!
ズズイ
20年後に30年後にまた相談します!
お待ちしてます
IFA
その他の注意点など章末コラムをご覧ください
まだ他にも注意点があるのね
でもそれをあらかじめ知っておけば対策もできますよね
・NISA口座は1人1つ
・金融機関は1年に1回変更が可能
……などなど
よ～し、少額でほったらかしで低リスク♪こんな私でもできる気がしてきた!いざ投資デビューするぞ!
つみたてNISA
NISA
第3章終わり

4

NISAって どんな制度? 売り時はいつ?

NISAは2024年から新制度に移行する

「NISA（少額投資非課税制度）」は、毎年一定金額の範囲内で購入した株式や株式投資信託から得られる売却益（値上がり益）や配当・分配金が非課税になる制度です。

通常は、「特定口座」や「一般口座」という「課税口座」で株式や投資信託などの金融商品に投資するため、売却益や配当金、分配金に対して、20・315%が課税されます。利益が100万円だった場合、税金を引かれて手元に残るのは79万6850円になってしまいます。税金なので仕方ないですが、ちょっと残念な気がしませんか?

ところが、NISAを活用し、「NISA口座（非課税口座）」で取引すれば、100万円をそのまま受け取れます。ちなみにNISAには、株式や投資信託、投資信託の一種で株式同様、証券取引所に上場するETF（上場投資信託）や、REIT（不動産投資信託）にも投資できる「一般NISA」と、金融庁〝お墨付き〟の投資信託でのつみたて投資に限定された「つみたてNISA」があります（左上図）。

このうち一般NISAは、非課税投資枠が年間120万円で、非課税期間は最長5年間、新規に口座開設期間は2023年まで。つみたてNISAは非課税投資枠が年間40万円で、非課税期間は最長20年間、新規口座開設は2042年まで「でした」。なぜ「でした」なのかというと、2024年から新制度に移行するからです。

新しいNISAは非課税期間が無期限

これまでのNISAは「期限付きの措置」でした。ところが、新制度は「無期限」になりました（左下

NISAってどんな制度？（～2023年まで）

	現行制度	
	一般NISA	つみたてNISA
口座開設期間	～2023年	～2042年
非課税運用・保有期間	5年間	20年間
口座の利用	どちらか一方（毎年1回変更可能）	
年間非課税枠上限	120万円	40万円
非課税となる生涯投資枠	最大600万円	最大800万円
非課税枠の再利用	不可	
投資可能商品	上場株式、ETF、 公募株式投資信託、REITなど	長期・積立・分散投資に適した一定の投資信託（金融庁への届出が必要）
非課税対象	売却益や配当・分配金	
対象年齢	日本在住の20歳以上の人	

新NISAってどんな制度？（2024年以降）

	つみたて投資枠	成長投資枠
口座開設期間	恒久化	
非課税運用・保有期間	無期限化	
口座の利用	併用可能	
年間非課税枠上限	120万円	240万円
非課税となる生涯投資枠	1,800万円	
		1,200万円（1,800万円のうち1,200万円まで）
非課税枠の再利用	簿価（購入時の価格）で1,800万円の範囲での再利用可能	
投資可能商品	積立・分散投資に適した一定の投資信託 （現行のつみたてNISA対象商品と同じ）	上場株式、株式投資信託など（※1）
非課税対象	売却益や配当・分配金	
対象年齢	18歳以上	
現行制度との関係	2023年末までに現行制度で投資した商品は、新しい制度の枠外で現行措置の非課税措置を適用。ただし現行制度から新制度へのロールオーバーはできない	

2022年12月28日現在
※ ①整理・管理銘柄②信託期間20年未満、高レバレッジ型及び毎月分配型の投資信託等を除外
（出所）金融庁資料をもとに作成

現行のNISAはココがスゴイ！

○値上がり益が非課税になる　　……通常は約20%課税される
○分配金は非課税で再投資できる……通常は課税後に再投資される
○運用商品は国の“お墨付き”　……約6000本ある投資信託から選ぶのは大変

新NISAは
非課税期間が
無期限です

2024年からの新制度はココがスゴイ！

○非課税期間が無期限になる……ずっと非課税メリットを享受できる
○生涯投資枠が1,800万円になる……購入価格で1,800万円までNISAが使える
○購入時の価格が1,800万円の範囲で再投資ができる
……リバランスや銘柄の入れ替えができるようになる
○毎年の非課税枠上限は、つみたて投資枠120万円、成長投資枠240万円
……つみたて投資は現行の3倍、個別株にも投資できる枠は現行の2倍
○つみたて投資枠と成長投資枠を併用できる……「どちちを選べばいい?」と迷う心配なし

図）。2024年以降は、ずっと非課税メリットを享受できるのです。

非課税枠もグッと広がります。株式にも投資できる一般NISAは「成長投資枠」と名前が変わり、非課税投資枠は年間240万円。つみたてNISAは「つみたて投資枠」となり、年間120万円にどちらも大幅拡充されます。しかも、つみたて投資枠と成長投資枠は併用でき、同じ口座で管理できます。NISAで一生涯に使える非課税投資枠は、簿価つまり購入時の価格で1800万円まで。ただし、成長投資枠での生涯非課税投資枠は、1800万円のうちの1200万円です。全部をつみたて投資枠にしたい人は、簿価で1800万円まで投資信託を積み立てることができます。

また、これまでのNISAでは非課税枠を再利用できませんでした。ですが、新制度では再利用が可能です。子どもの教育資金のために、利益が出ている商品を売って、非課税枠に空きができたら、その枠で自分の老後資金のための投資をすることができます。資産形成をするのであれば、新制度を活用しないのは、「損」だといってもいいでしょう。ただし、新制度でもNISA口座は1人1つしか持てません。

なお、2023年に一般NISAで投資した商品は2027年まで、つみたてNISAは2042年まで、新制度とは「別枠」として非課税枠で保有できます。ただし、非課税期間終了後に、保有している商品を「売らずに」新制度の口座に移すことはできないので注意が必要です。

課税口座にだっていいところはある

ここまでを読んで、課税口座を「ワルモノ」みたいに思う人もいるかもしれませんね。でも、課税口座にもいいところはあります。

課税口座の種類

	特定口座		一般口座
	源泉徴収**あり**	源泉徴収**なし**	
課税	**・利益に対して20.315%** （所得税15%、復興特別所得税※0.315%、住民税5%） **・課税口座（特定口座、一般口座）全体での損益通算ができ、翌年以降3年間の繰り越し控除が可能**		
年間取引報告書の作成	証券会社が作成	証券会社が作成	自分で作成
確定申告	**不要**（損益通算、3年間の繰り越し控除をする場合は申告する）	必要	必要

2022年10月31日現在
（出所）金融庁、財務省資料をもとに作成

課税口座は「特定口座（源泉徴収あり）」を選びましょう

課税口座の特徴

● 損益通算ができる

2022年1月～12月の損益

A証券の口座	B証券の口座
+50万円	−100万円

損益通算すると
50万円 - 100万円 = −50万円

利益が出ていないので課税されない

● 最長3年間損失を繰り越し控除できる

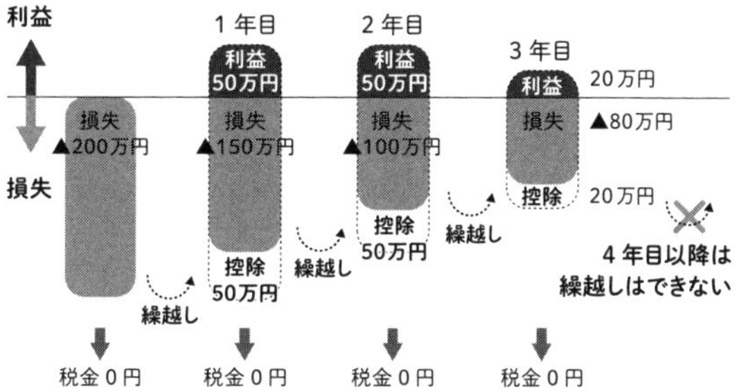

利益
損失
1年目
2年目
3年目
損失 ▲200万円
利益 50万円
損失 ▲150万円
控除 50万円
利益 50万円
損失 ▲100万円
控除 50万円
利益 20万円
損失 ▲80万円
控除 20万円
繰越し
4年目以降は繰越しはできない
税金0円
税金0円
税金0円
税金0円

課税口座には、年間の取引金額や損益を証券会社が計算して、「取引報告書」を作ってくれる「特定口座」と、自分で取引報告書を作成する「一般口座」があります。特定口座には「源泉徴収あり」と「源泉徴収なし」があり、前者を選ぶと証券会社が利益から税金を差し引いて、納めてくれます。「源泉徴収なし」の場合は、自分で納税します。「面倒なことはしたくない」なら、証券取引口座を開く際に、「特定口座（源泉徴収あり）」がおすすめです。

課税口座では、例えば、A証券の口座では利益が出ていて、B証券の口座では損失が出ていたら、「自分で確定申告すること」で、利益と損失を「損益通算」できます。トータルでは儲かっていないので、源泉徴収された税金が戻ってくるのです。しかも、損失が大きすぎて、その年の利益と損益通算しても残る場合は、最長3年間繰り越すこと（繰り越し控

楽天証券
スマートフォンでの口座開設の手順

●準備するもの

・本人確認書類（マイナンバーカードや運転免許証など）
・メールアドレス

●手順

①	②	③	④	⑤
メール登録をする	本人確認書類の選択、提出	本人情報の入力	初回ログインする	アンケートに回答する

① メールを登録する（楽天会員でない場合）

・楽天証券のトップページから口座開設ボタンをタップし、「個人情報保護方針」を確認したら、メールアドレスを入力して送信
・メールが届いたら、そこに書かれたURLから申込み手続き開始

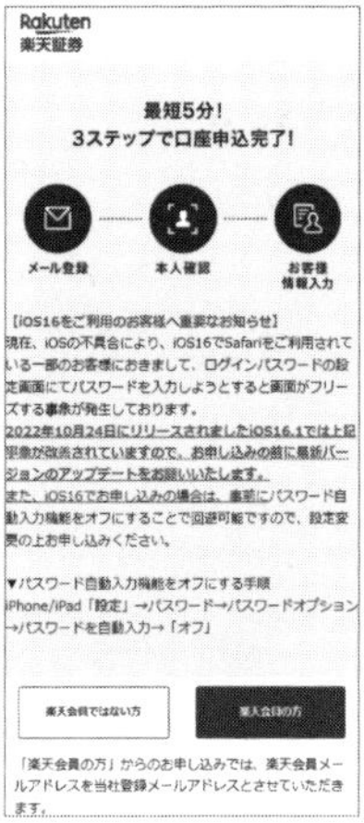

② 本人確認書類の選択と提出

・国籍を選択し、次に本人確認書類を「運転免許証」か「マイナンバーカード」から選択
・「本人確認書類の撮影手順へ」をタップし、指示に従って撮影

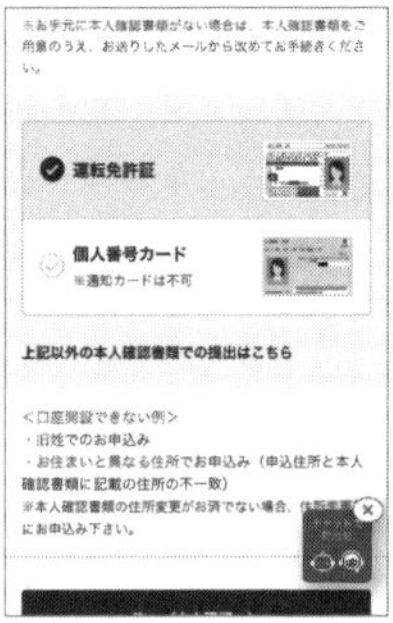

③−1 本人情報の入力

・氏名などの本人情報を入力

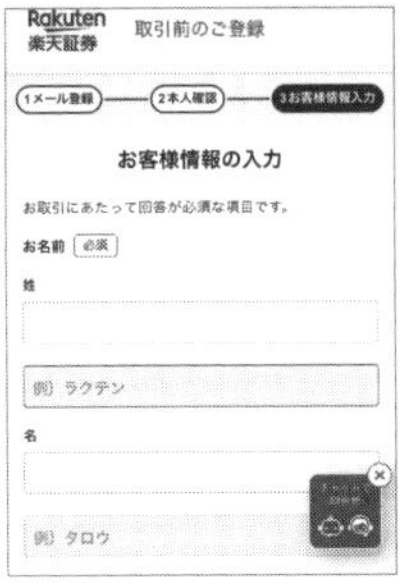

③−2 口座の種類を選択

・「お客様の口座について」で口座の種類を選択

つまずきポイント

「口座の種類」は迷いやすいポイント。
「確定申告が不要」（特定口座・源泉徴収あり）を選べば、売却した時に税金を源泉徴収してくれるので、確定申告をする手間がかからない。

③−3 NISA口座の開設

※2022年12月28日現在の画面

・楽天証券では証券口座と一緒にNISA口座も開設できるので開こう

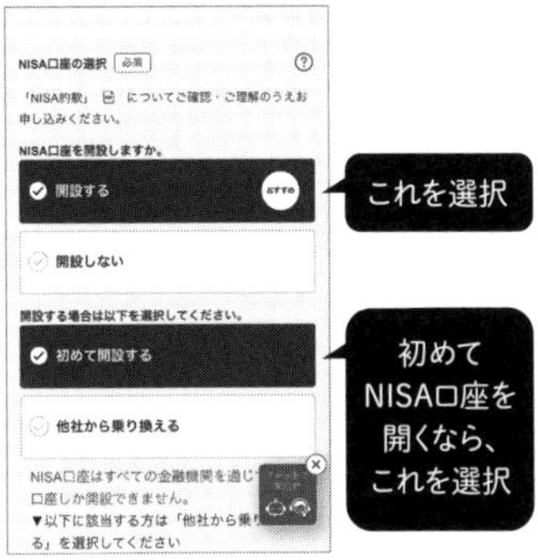

③−4 申し込みを完了する

・入力内容や規約などの重要書類を確認して、「同意して申込みを完了する」をタップ

④ 初回ログインする

・楽天証券での審査後、ログインIDが届く。ログイン画面にIDとパスワードを入力してログインする

・ログインしたら、取引時に必要な4桁の暗証番号を設定する

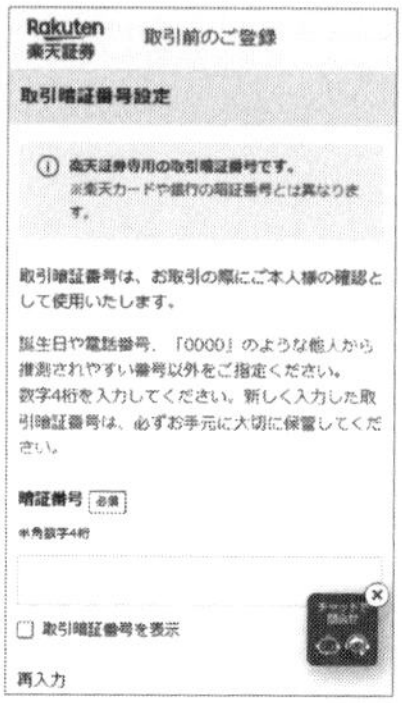

⑤-1 アンケートに回答する

・投資経験や金融資産、投資目的などを選択する
・投資商品は、とりあえず「投資信託」を選んでおく

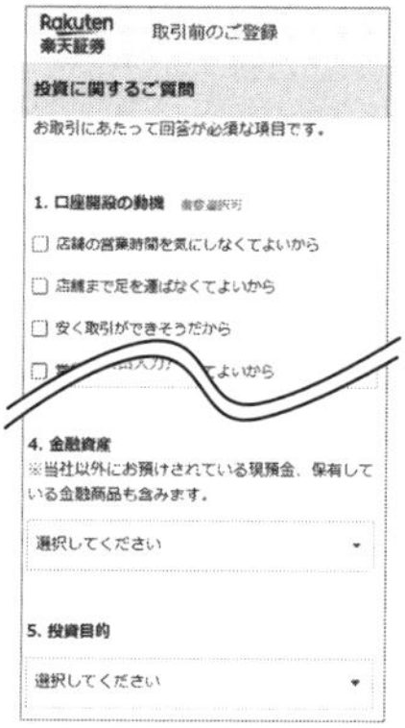

⑤-2 勤務先情報を登録（インサイダー登録）

・勤務先の名称が上場企業名と異なる場合もある
〈例〉勤務先：○○銀行
上場企業の名称：○○ファイナンシャル・グループ
・上場企業の関係者は、事前に銘柄コードも調べておこう

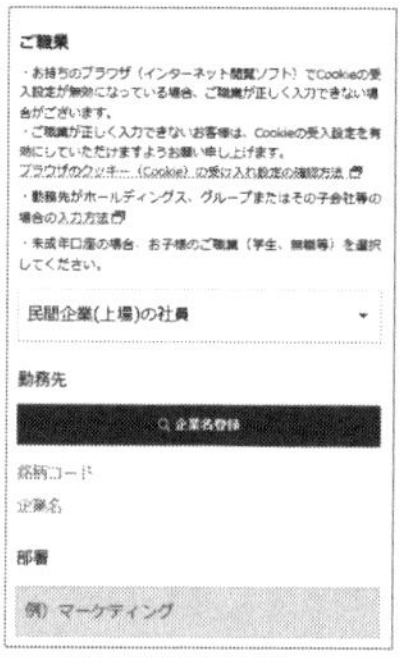

つまずきポイント

「インサイダー登録」もつまずきやすいポイント。本人や家族が上場企業を経営したり、勤務している場合に、重要な事実を利用して自社の株式を売買する「インサイダー取引」に抵触しないよう、予め会社名などを登録する必要がある。

⑤−3　マイナンバーを登録する

・本人確認書類でマイナンバーカード以外を選択した場合は「マイメニュー」→「お客様情報の設定・変更」→「基本情報」からマイナンバーを登録する

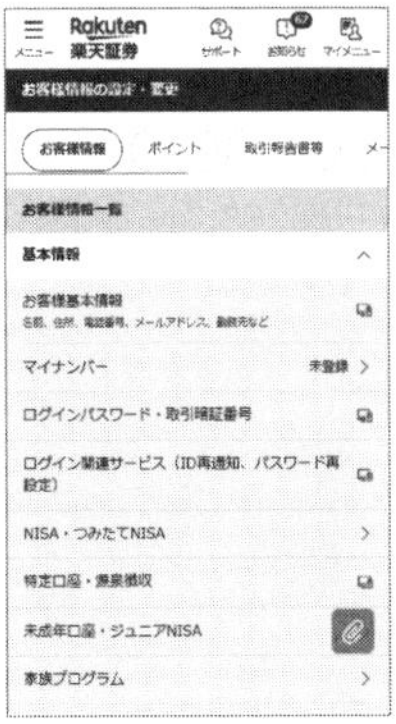

除）ができます。繰り越し控除をしている間は、その年に得た利益から源泉徴収された税金も戻ります。

スマホで簡単に口座開設

132～135ページでは、うださんが使っている楽天証券を例に口座開設の手順を紹介しました。口座開設はパソコンからでも、スマートフォンからでも可能で、24時間いつでもどこでも開設できます。ここでは、手軽さを重視して、スマホでの手順を取り上げています。

口座開設をする時には、運転免許証やマイナンバーカードなどの本人確認書類を用意しておきましょう。スマホで撮影して送信すれば、本人確認書類の登録が簡単にできます。

口座開設の手順では、いくつかつまずきやすいポイントがあります。そのひとつが「口座の種類」の選択ですが、先ほど説明した「特定口座（源泉徴収あり）」を選ぶといいでしょう。口座を開設する際には、NISA口座も一緒に開いておきましょう。

また、初回ログイン後の画面では「アンケート」が表示されます。このうち、「興味のある金融商品」で迷う人もいるかもしれません。とりあえずは「投信積立」を選べばいいと思います。

なお、本人や配偶者が上場企業にお勤めの場合には、上場している会社の名称と証券コードも確認しておくといいかもしれません。例えば、勤務先は○○銀行でも、上場している会社は○○フィナンシャルグループだったりする場合もあるからです。

そして、最大のポイントは、「資産運用を始めたい」と思ったら、すぐに口座を開設すること。「後でやればいいや」とほったらかしにすると、たぶん、いつになってもやろうとしないですよ。

NISAも新制度も注意点がある

口座を開設して積立投資を始める前に、知っておきたい注意点がいくつかあります。まず、現行のNISAでは、非課税枠を再利用できません。これまでと2023年分のNISAやつみたてNISAで投資した商品は、いつでも好きな時に売ることができますが、売って空きが出た非課税枠で新たな商品を買うことはできません。そのため、当初に決めた資産の配分が変わった時に、配分が増えた資産を売って、配分が減った資産を買い増す「リバランス」や、保有する投資信託を売って他の投資信託に買い換える「スイッチング」などはできません。

また、NISA口座の損失は、課税口座との損益通算はできません。損失の繰り越し控除も不可です。

2024年からの新制度では、先ほども説明した通り、非課税枠を再利用することができます。その際、簿価（買った時の価格）で1800万円の範囲内におさめる必要があります。ここでのポイントは「簿価で」です。つまり、利益はいくらであろうと関係ありません。例えば、120万円分つみたてた投資信託が大きく値上がりして1200万円になっても、保有しているのがそれだけ（簿価120万円分）なら、生涯投資枠はあと1680万円あることになります。なお、新制度でも、NISAと課税口座との損益通算や繰り越し控除はできません。

つみたてた投信はいつ、どう売る？

NISAが無期限になったことで、非課税期間終了時に保有商品をどうすればいいかを考える必要はなくなりました。今後は、お金が必要な時に売ればいいだけです。ただし、経済情勢も相場も常に変動しています。教育費など使う時期が決まっているお金は、その2～3年前に必要な金額を準備できていたら、売って教育資金として取り分けておきましょう。

老後資金の場合は、仕事を辞めてつみたてを止めたあとは、運用を続けながら定期的に一定割合ずつ取り崩すことを考えます。投資信託の取り崩し方には、「定額」、「定率」、「定口数」があります。それぞれのメリットデメリットは138ページの通りです。定額の場合は、基準価額が安い時にたくさんの口数を売ってしまい、資産が早くなくなる可能性もあるので、できれば避けましょう。資産を使い切る時期を決めているなら定口数、資産をできるだけ長く残したいなら定率を選びます。なお、定率の場合には、資産残高が少なくなると受け取る金額も少なくなることも理解しておきましょう。

NISAの落とし穴

●課税口座と損益通算できない

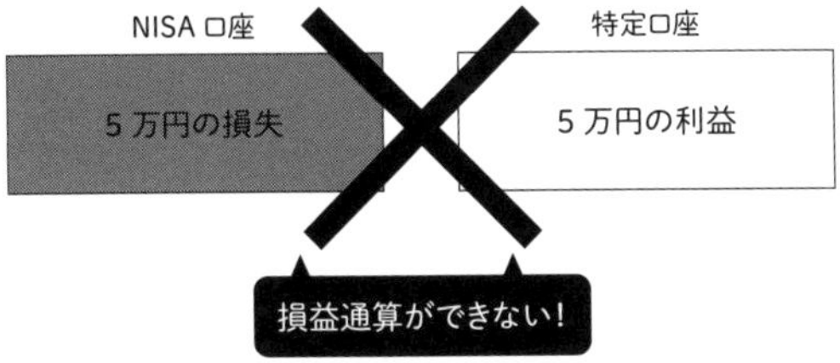

・NISA口座では損失が出ても、他の口座（課税口座）の利益と相殺する「損益通算」ができない
・売却して損失を確定してしまうと、ただ損をしただけになってしまうので注意しよう

●損失の繰越控除ができない

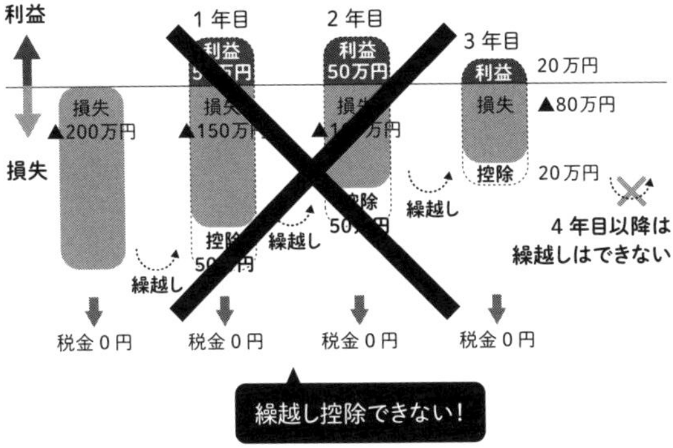

・NISAでの損失は、翌年以降に繰り越すことができない
・売却して損失を確定してしまうと、ただ損をしただけになってしまうので注意しよう

新制度の留意点

●簿価（購入時の価格）で1,800万円の範囲内で非課税枠を再利用できる

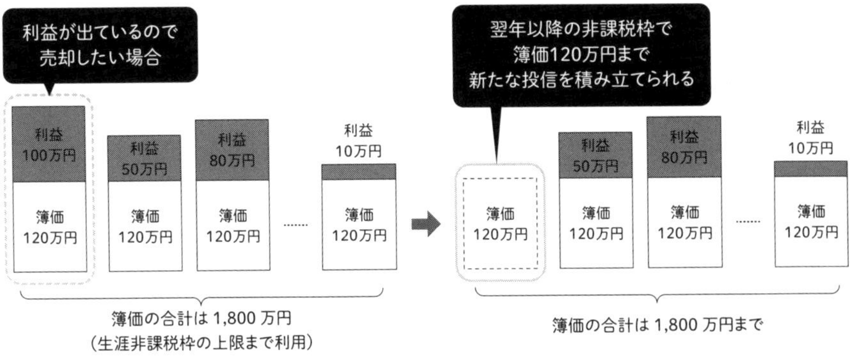

つみたてた投資信託（NISAなど）の売り方

●使う時期、金額が決まっている場合

〈例〉教育費、住宅購入頭金など

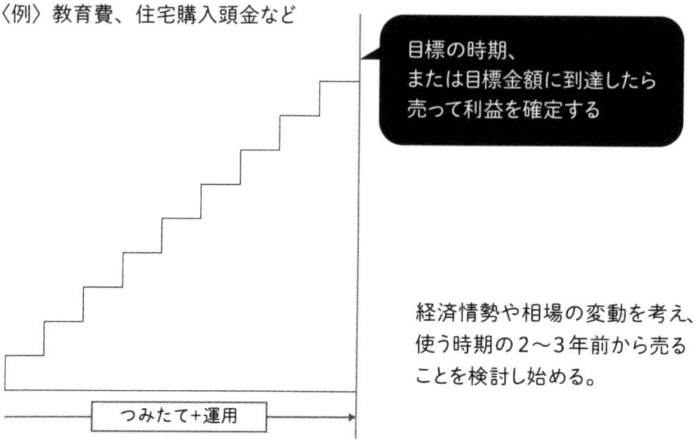
目標の時期、
または目標金額に到達したら
売って利益を確定する
経済情勢や相場の変動を考え、
使う時期の2〜3年前から売る
ことを検討し始める。
つみたて+運用

●時期や金額の目標はない場合

〈例〉老後資金

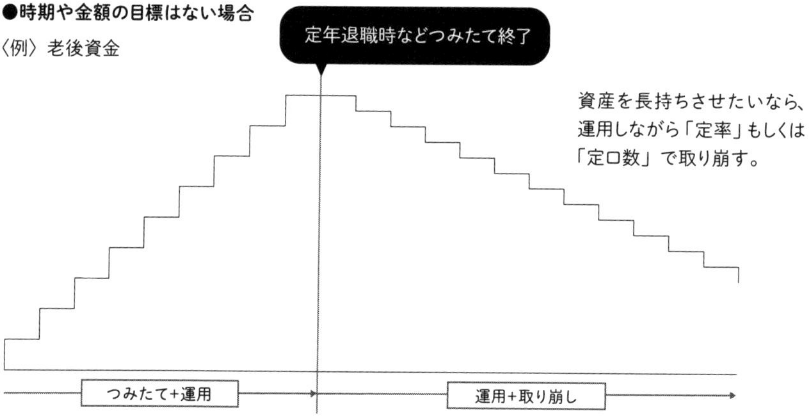
定年退職時などつみたて終了
資産を長持ちさせたいなら、
運用しながら「定率」もしくは
「定口数」で取り崩す。
つみたて+運用
運用+取り崩し

●投資信託の取り崩し方

方法	どんな方法?	メリット	デメリット
定額	一定期間ごとに 一定金額ずつ解約する	いつも同じ金額を受け取れる	基準価額が安いときに たくさん売ってしまう
定率	定期的に一定の比率を 解約する	基準価額が安いときに たくさん売る心配はない	受け取れる金額が変動する
定口数	保有口数を定期的に 一定の口数ずつ解約する	（同上）	（同上）

第4章

iDeCoで節税しながら老後資金を貯めよう

老後資金を賢く貯める！ iDeCo

iDeCoって一体何なんですか？
iDeCo
個人型確定拠出年金
iDeCoとは公的年金だけでは足りないお金を自分で補うための私的年金制度です
年金…？
ということは完全に老後資金用ですか？
教育資金
教育費ではないんですね？
老後資金
まさにそうです
公的年金とは別に
自分のための年金を自分で積み立てて投資で運用する制度です
iDeCo
公的年金
投資でつみたて
うださんとMさんには教育費の話があったのでNISAを先にお話したんですよ

公的年金（国民年金）の受給額が減少していることや
退職金が減少している傾向があることを背景に
自営業者や企業年金のない会社員のためにつくられた制度です
足りない…
少ない…
公的年金
退職金
UP!
つみたて投資で増やせるよ
iDeCo
公的年金
確かに年金ってちゃんともらえるのか不安ですよね
私なんて自営業で国民年金だけだからめちゃめちゃ不安よ…
絶対足りない…
企業年金のある会社員は入れないんですか？
現在では条件を満たせばだれでも加入できます
へぇ〜興味ある！

iDeCoってこんな制度

・掛金は職業などによって異なる（その範囲内で、月5千円から千円単位で自由に設定できる）

【拠出限度額】（2022年12月時点）

第1号被保険者 任意加入被保険者	第2号被保険者			第3号被保険者
自営業者	企業型DC ありの 会社員	企業型DB ありの 会社員・公務員	企業年金 なしの 会社員	専業主婦（夫）等
掛金（月額）6万8000円（年額81万6000円）	月額2万円（年額24万円）	月額1万2000円（年額14万4000円）	月額2万3000円（年額27万6000円）	月額2万3000円（年額27万6000円）

・原則60歳まで引き出しできない

ダメー!!
60歳まで
iDeco
出しちゃダメ?

・掛金をつみたてられるのは会社員・公務員は原則65歳になるまで

・自営業者や専業主婦などは60歳になるまで（任意加入被保険者として国民年金保険料を支払っている間は積み立てられる）

やっと積み上がったぞ〜!
65歳

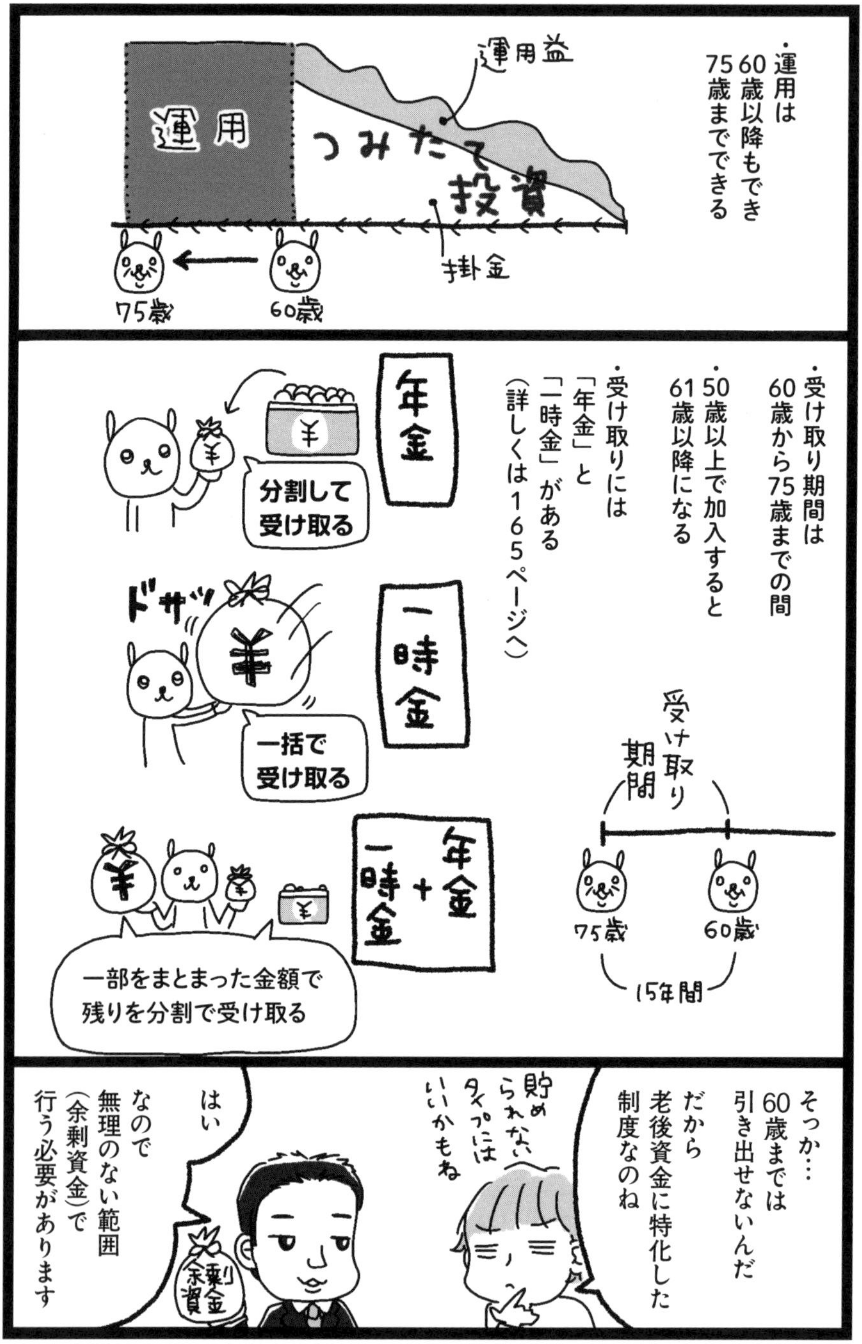
・運用は60歳以降もでき75歳までできる
運用益
運用
つみたて投資
掛金
75歳
60歳
・受け取り期間は60歳から75歳までの間
・50歳以上で加入すると61歳以降になる
・受け取りには「年金」と「一時金」がある（詳しくは165ページへ）
受け取り期間
75歳
60歳
15年間
年金
分割して受け取る
一時金
ドサッ
一括で受け取る
年金＋一時金
一部をまとまった金額で残りを分割で受け取る
そっか…60歳までは引き出せないんだ
だから老後資金に特化した制度なのね
貯められないタイプにはいいかもね
はい
なので無理のない範囲（余剰資金）で行う必要があります
余剰資金

そして
iDeCo最大のメリットは…
所得税を
支払っている人
つまり
会社員や公務員
自営業者
フリーランスは
払ってまーす
所得税
NISAよりも
節税メリットが
大きいので
よりお得であると
言えるのです
iDeCoの節税
NISAの節税
どーん!!
な…
なんですって!?
それ早く
教えて
くださいよ〜!
※専業主婦など
所得税を納めていない人は
所得控除を受けられませんが
運用益は非課税で
受け取るときの税制優遇もあります

iDeCo最大のメリットは節税効果！

節税メリットは3つ!!
①毎年所得税と住民税が軽減される
②運用時運用益にかかる税金が0円
③受け取り時には一括でもらっても年金でもらっても一定額まで非課税

掛金の拠出による節税額の計算式：年間の掛金額×所得税・住民税の合計税率
〈例〉　年間の掛け金　27万6000円（月額2万3000円）
所得　400万円（所得税率20%、住民税率10%）
・所得税の控除額　27万6000円×20%＝5万5200円
・住民税の控除額　27万6000円×10%＝2万7600円　**→1年間で8万2800円節税に！**

課税所得、掛金額に応じた所得税・住民税の負担軽減額

例えばこれだけの節税効果があります

課税所得	税率		掛金額に応じた税負担軽減額			
	所得税	住民税	自営業者 フリーランス	会社に 企業年金がない 会社員	企業型DCにのみ 加入している 会社員	DBに加入している 会社員、 または公務員
			掛金上限 年額：81万6000円 月額：6万8000円	掛金上限 年額：27万6000円 月額：2万3000円	掛金上限 年額：24万円 月額：2万円	掛金上限 年額：14万4000円 月額：1万2000円
～195万円以下	5%	10%	12万2400円	4万1400円	3万6000円	2万1600円
195万円超～330万円以下	10%		16万3200円	5万5200円	4万8000円	2万8800円
330万円超～695万円以下	20%		24万4800円	8万2800円	7万2000円	4万3200円
695万円超～900万円以下	23%		26万9280円	9万1080円	7万9200円	4万7500円
900万円超～1800万円以下	33%		35万880円	11万8680円	10万3200円	6万1920円
1800万円超～4000万円以下	40%		40万8000円	13万8000円	12万円	7万2000円
4000万円超～	45%		44万8800円	15万1800円	13万2000円	7万9200円

（注）所得税額には復興特別所得税が加算される
（上記の税負担軽減額には復興特別所得税を反映していない）

す、すご〜い!!
NISAよりも断然、税制優遇の効果が大きい！
自営業者やフリーランスの人の税制優遇は大きいので掛金が大きいとそのぶん手取りが増えます
自営業者
フリーランス
掛金上限（月額）
6万8000円
すごい節税効果じゃないですか！
うださんいいなあ〜
え？なんかずっとおとなしいですね
あっ、当然もうやっているから知ってる内容でしたか？
ねぇねぇ！
そ、そうですね…

※モラルハラスメントする男の略

それにNISAもやって加えてiDeCoに月何万円も払えないよ
つみたてNISA
非課税
フリーランスは掛け金の上限額6万8000円までできます！って言われてもさあ…
iDeCo
まあ確かに…なかなか気軽にどっちも！とはいきませんよね
ウチも夫に反対されそう
そうだそうだ〜!!
すすめられても困る〜!!
iDeCoとNISAどっちを先にやるべきなんでしょうか？
それには場合に分けて考えるといいでしょう
場合？

老後資金なら iDeCo です
iDeCo
60歳まで 下ろせない ですもんね…
意思が弱くても 強制的に 貯まりますね
教育資金なら NISA ですね
つみたて NISA
60歳前に 必要だし なー
必要なら いつでも 下ろせますしね
どんと来〜い
よくわからないから とりあえず 始めてみようか と思う人は NISAが おすすめです
つみたて NISA
なるほど〜
やり直しも しやすそう

親が子ども(20歳以降)にやらせるならiDeCoがいいでしょう
20歳
iDeCo
年金さらに減りそうですしね
余剰資金で投資すること学ばせられそう!
このように場合分けで考えてみてください
それにNISAも同じですが限度額いっぱいまで使わなくてもいいんですよ
iDeCo
iDeCoのつみたて額の見直しは年1回できますから月々5千円から始めるのも手です
5,000円からでいいぜ
来年は1万円にしてみる?
いや節税できるって聞くと限度額いっぱい入れたくなるじゃないですか
そのがめつさ今は隠しておいてください
商品変更は随時できますし買い換えもいつでもできますよ(※165ページ参照)
iDeCo
商品変える?
バランス変える?

iDeCoで選べる商品は元本確保型の定期預金や保険もあるので
ぜったいに元本割れはイヤ!
という人にもおすすめです
ぜったいにだ!!
いいのあるよー
こっちこっち〜!
iDeCo
元本確保型
へえ〜これならうちの親や夫も納得させやすそうだわ
確かに!
減る可能性が少しでもあるならギャンブルでしょ
とか言ってるうちの母も説得しやすい!
しかも節税効果抜群なんですもんね…
みんな大好き節税…♡
うん? 節税? 所得控除? …ってことは?

所得金額で決定されている子どもの保育料も安くなるってこと!?
保育園
安
ああそうかも3歳未満は無償化対象外だもんね
ウチは下の子がギリひっかかったのよ～
これは夫に言わなきゃ! 2人目考えるときにも重要になる!!
ライフプランに大きく関わる!
ゴオオオオー
たしかにデカイね～
高等学校就学支援金など所得制限のあるものにも有効ですよ
これ結構気にしている方多いですよね
ウチは全然ですけど

いざ、iDeCo口座開設！

私 やります！ とりあえず 少額から 始めます！
では 楽天証券の 例で iDeCo口座 の開き方を 見ていきま しょう

iDeCo口座の申し込み方法（楽天証券の例）

第２号被保険者（会社員、公務員など）の場合

STEP1	加入者情報の入力
STEP2	申込書が郵送されてくる
STEP3	申込書に必要事項を記入する
STEP4	申込書を返送する
STEP5	手続き完了

国民年金基金連合会による審査のため、手続き完了まで1〜2カ月かかる

楽天証券の場合には
・自営業者や専業主婦（被保険者1号、3号）：ウェブで申し込み
・会社員や公務員（被保険者2号）：申込書で申し込みとなっています
→ 詳しくは164ページをチェック！

けっこう 待たされ ますね
1〜2カ月かぁ
私はその間に 家族を説得 しよう！

また書類作成などに少し手間がかかります
出た!! 面倒くさそう～
毎年の確定申告だけでもつらいのに…
そういう事務処理苦手！
レシートの山
PC
うださん節税のためですよ
あら魂さんこんにちは
は～い…
自営業者の方は会社員よりも提出書類が少なくてすみますよ
本当に!? やったあ！
え～っ
でも…私もかなりやる気になってきました
フンッ
iDeCoを始めるのにどこの証券会社がおすすめですか？
iDeCo取り扱いの金融機関はいろいろありますがやはりおすすめはネット証券ですね
NISAと同じ!

金融機関の選び方もNISAと同じで
手数料の安さと商品ラインナップが豊富かどうかで選ぶのが肝心です
へえ〜
iDeCoは口座管理手数料がかかるのでそこは安いところを選びたいですね

金融機関で変わる手数料

金融機関名	加入時（初回のみかかる費用）	運用期間中かかる費用（毎月）		移す時の費用（就職先などへの移管）	受取時（振込の都度かかる費用）
		積立を行う場合	積立を行わない場合		
SBI証券（セレクトプラン）	2,829円	171円	66円	4,400円	440円
楽天証券	2,829円	171円	66円	4,400円	440円
マネックス証券	2,829円	171円	66円	4,400円	440円
松井証券	2,829円	171円	66円	4,400円	440円
auカブコム証券	2,829円	171円	66円	4,400円	440円
イオン銀行	2,829円	171円	66円	-	440円
野村證券	2,829円	171円	66円	-	440円
SMBC日興証券	2,829円	171円	66円	-	440円
大和証券	2,829円	171円	66円	4,400円	440円
三菱UFJ銀行／三菱UFJ信託銀行（ライトコース）	2,829円	431円	326円	-	440円
みずほ銀行（資産50万円未満）	2,829円	431円以内	326円	-	440円
三井住友銀行（標準コース）	2,829円	431円	326円	-	440円

2022年12月15日現在

確かにネット証券が安いですね
毎月かかると30年やればけっこうな金額に…

主な金融機関のiDeCo商品取り扱い本数 ※2022年12月15日現在

金融機関名	インデックスファンド	アクティブファンド	バランス型ファンド	ターゲットイヤー・ファンド	元本確保型
SBI証券(セレクトプラン)	17本	12本	4本	4本	1本
楽天証券	12本	11本	5本	3本	1本
マネックス証券	16本	7本	3本	-	1本
松井証券	26本	1本	1本	11本	1本
auカブコム証券	10本	5本	5本	6本	1本
イオン銀行	10本	5本	8本	-	1本
野村證券	9本	9本	13本		1本
SMBC日興証券	13本	10本	6本		1本
大和証券	10本	8本	3本		1本
三菱UFJ銀行/三菱UFJ信託銀行(ライトコース)	6本	-	2本	-	2本
みずほ銀行	9本	7本	14本		1本
三井住友銀行(標準コース)	9本	7本	11本(うち5本はロボアド)		2本

申告は忘れずに

iDeCo口座開きます…!
フフフフフフ…
iDeCo
もうめっちゃ節税してやりますよ!
待ってて私のお金!!
ん? これで手続き完了ですか?
いえいえ
iDeCoは公務員や会社員だと年末調整フリーランスや自営業者は確定申告することで税金の還付を受け取れます
まだやることあったぁぁぁ
毎年10月に送られてくる『小規模企業共済等掛金控除証明書』を大切に保管しておいてくださいね
はあ…何度やっても苦手な確定申告…
でもこれやらないと節税にはならないいんですね!?
ううう
確定申告の場合は該当部分に数字を書き込むだけですよ
ホントっすかー?

それに後からでも申告は可能ですから（期間は5年間）そんなに構える必要ありませんよ
そ…そうですか…
おーい 大丈夫だよ〜
そんなにやっかいじゃないよ〜
やっほー☆
iDeCo
また会ったね♫
こ…この声は…!!
確かに手続きは面倒そうだけど…
あれ？ なんか最初思っていたイメージと違う…
どう？ 最初からこんな感じだよ？
iDeCo

怖いモラ男だったのが
節税してやるよ
オラ オラ
iDeCo
老後まで取っといてやるよ
節税かなりしっかりするよ
課税所得が減ってお得になることもいろいろあるよ
iDeCo
金額は無理のない範囲でいいからね
老後の資産形成に僕を使ってね♡
や、やだやさしい…♡
言ってることそんなに変わらないのに！
感情の変化激しいっスね…

まあでも最初のイメージで拒否ってたらもったいないですよね
3つの節税はやはりすごい…!
よかったです
では、いよいよ具体的な銘柄選びを…
おお～っ
5章でじっくり!
え～今教えてくださいよ
それを早く知りたいのにいけずぅ～!
ははは
まあまあうださん段取りは大事ですよ
ここ飛ばすと間違えたりしますよ?
うっは～い!
その前に章末コラムでiDeCoの補足に目を通してくださいね
は～い
第4章終わり

iDeCo《イデコ》の仕組みと口座開設方法

途中で引き出せないからお金が貯まる

老後資金の準備にぴったりで、しかもお得な方法、それが「iDeCo（個人型確定供出年金制度）」です。

iDeCoの特徴として、①自分で掛金を拠出する、②自分で運用する（掛金や運用成績で受取額が異なる）、③原則として60歳まで引き出せない、ことがあります。

まず、①ですが、iDeCoでは職業などによって異なる掛金の範囲内で自分で金額を決め、自分で掛金を拠出してつみたてていきます。掛金の上限は、163ページの表の通り。厚生年金に加入していない第一号被保険者は、掛金の上限が月額6万8000円（国民年金基金などとの合算額）と高めに設定されています。

②は、自分で運用商品を選んで運用して、老後資金を準備するということです。運用商品は、投資信託のほか、保険や定期預金など元本確保型の商品もあります。運用成績によって老後に受け取る金額が異なるため、元本確保商品だけで運用する選択はしないほうがいいでしょう。

③は、iDeCoが老後資金の準備にピッタリな理由です。いつでも自由に引き出せたら、老後のためのお金を他の目的に使わないとも限りません。でも、途中で引き出せなければ、つみたてを止めない限り、老後への備えを続けることができるでしょう。なお、60歳時点の加入期間が10年未満の場合には、引き出せる時期が60歳より遅くなります。

掛金が全額所得控除の対象になる

iDeCoならではのメリットもあります。iDeCoでは、掛金が全額所得控除の対象です。例えば、課税所得金額が300万円で、所得税10%、住民税10%の会社員が、

iDeCoの掛金拠出額の上限

<table>
<tr><th colspan="2"></th><th>iDeCoの
掛金拠出額上限</th><th>2024年12月からの
iDeCoの
掛金拠出額上限</th></tr>
<tr><td colspan="2">国民年金第1号被保険者
（自営業者、フリーランスなど）</td><td>月額6.8万円※</td><td>月額6.8万円※</td></tr>
<tr><td rowspan="4">国民年金第2号被保険者
（会社員・公務員など）</td><td>企業型DCのみに加入</td><td>月額2.0万円
（企業型DCとの合計が月額5.5万円）</td><td rowspan="3">月額2.0万円
（企業型DC、DBとの合計が月額5.5万円）</td></tr>
<tr><td>企業型DCと
DBなど他の制度に加入</td><td>月額1.2万円</td></tr>
<tr><td>DBなど他の制度にのみ
加入（公務員を含む）</td><td>月額1.2万円</td></tr>
<tr><td>会社に
企業年金制度がない</td><td>月額2.3万円</td><td>月額2.3万円</td></tr>
<tr><td colspan="2">国民年金第3号被保険者
（専業主婦・夫など）</td><td>月額2.3万円</td><td>月額2.3万円</td></tr>
</table>

※国民年金基金とのなどとの合算額

月々2万3000円ずつ掛金を拠出したとします。2万3000円×12か月×（10%+10%）＝5万5200円が、1年間に節税できることになります。10年間では55万2000円、20年間なら110万4000円です。給料の額面金額から差し引かれる控除が多くなるほど、手取り収入が増えることになります。

受け取るときも税制優遇がある

iDeCoには、運用で得た利益（運用益や分配金）が非課税になるというメリットもあります。通常、運用で得た利益には20・315%の税金がかかります。例えば、運用益が10万円の場合、課税されると手取り額は7万9685円になってしまいます。iDeCoならば10万円をそのまま享受できるのです。また、iDeCoはいつでも自由に、拠出している掛金の割合を変更する「配

楽天証券 スマートフォンでのiDeCo口座の開設手順（証券口座がある場合）

第二号被保険者（会社員、公務員など）の場合

●準備するもの

・年金手帳（基礎年金番号が記載されているもの）
・通帳（口座番号がわかるもの）

●手順

① 加入申込みをする

・「加入／再加入手続き」をタップし、次の画面で職業を選択

・「加入申込ログイン」画面から「総合口座にログインして申込みする」をタップ

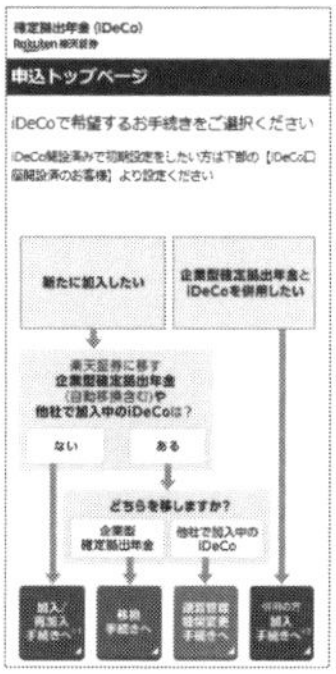
申込トップページ
新たに加入したい

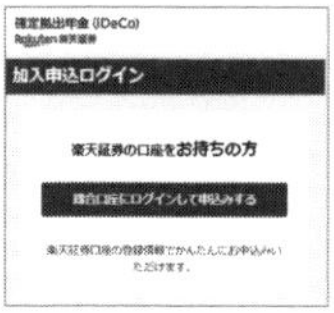
加入申込ログイン
楽天証券の口座をお持ちの方

② 加入者情報を入力する

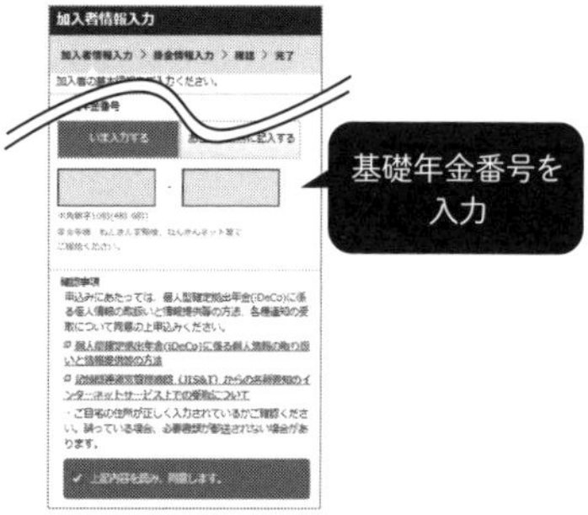
加入者情報入力
基礎年金番号を
入力

③ 掛金情報を入力する

・毎月の掛金額と納付方法を指定する
（入力した内容は申込書に印字され、郵送される）

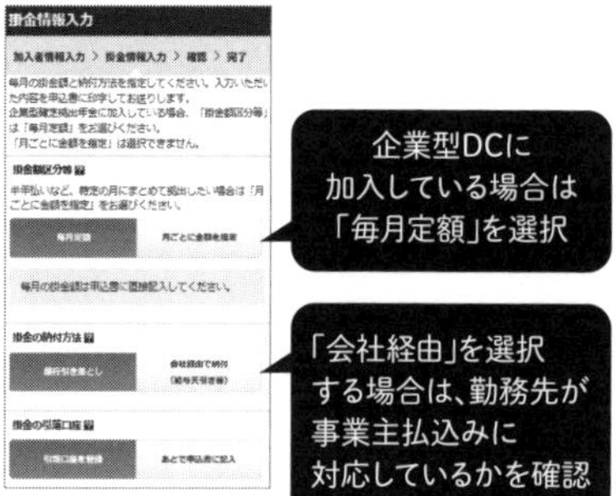
掛金情報入力
企業型DCに
加入している場合は
「毎月定額」を選択
「会社経由」を選択
する場合は、勤務先が
事業主払込みに
対応しているかを確認

④ キットが届く

・加入申込みのキットが届く

・同封されている「事業所登録申請書 兼 第2号加入者に係る事業主の証明書」を勤務先の人事・労務などの担当者に記入してもらい、返送する

運用商品を変更する方法

●「配分変更」

拠出している掛金の割合を変更すること。下記は運用方針を変え、毎月つみたてている運用商品の配分を変更して「運用商品E」を追加した場合。配分は1%単位で変更でき、手数料はかからない。また回数制限もない。ただし、長期投資では頻ぱんな配分変更はしないほうがよい。

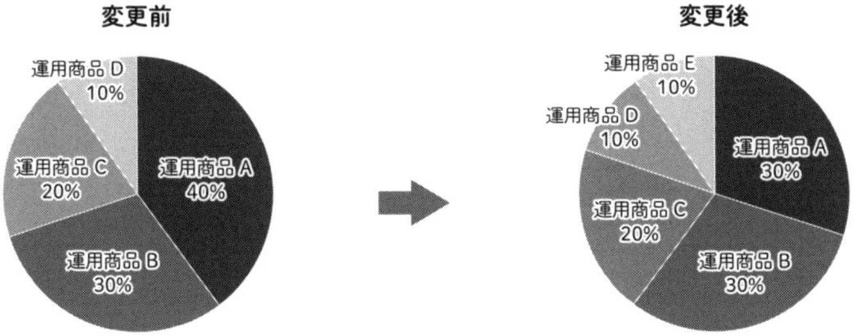
変更前
運用商品 A 40%
運用商品 B 30%
運用商品 C 20%
運用商品 D 10%
変更後
運用商品 A 30%
運用商品 B 30%
運用商品 C 20%
運用商品 D 10%
運用商品 E 10%

●「スイッチング」

資産の一部または全部を売って買い換えること。下記は資産120万円のうち、利益が出ていた運用商品B20万円分と運用商品Dを10万円分売却して、元本確保型商品Eを30万円購入した場合。運用益の利益を確定した。

〈変更前〉

運用商品A	40万円
運用商品B	30万円
運用商品C	20万円
運用商品D	30万円
運用商品E	0円

20万円売却 →
10万円売却 →

〈変更後〉

運用商品A	40万円
運用商品B	10万円
運用商品C	20万円
運用商品D	20万円
運用商品E	30万円

利益が出ている
商品を売却して、
利益を確定する場合などに
使います

分変更」や、資産の一部または全部を売って、他の商品に買い換える「スイッチング」をすることができます。どちらの場合も手続き自体に手数料がかからないお得さがあります。

運用したお金を将来、受け取る際にも税制優遇があります。一時金で受け取る場合は「退職所得控除」の対象になり、勤続20年超で退職金が出ない場合2200万円までは非課税になります。2200万円を超えると税金がかかるため、退職金がある場合は受け取る時期が重ならないようにするなどの工夫も必要です。

年金で受け取る場合は、雑所得として「公的年金等控除」の対象になります。ちなみに、60歳から64歳までは、年60万円までは非課税です。

併給の場合には、一時金は退職所得控除、年金は公的年金等控除の両方の対象になります。そこで退職所得控除の範囲を一時金、残りを年金で受け取ることなどが考えられます。

iDeCoの受け取り方と税金

<table>
<tr><th>受け取り方</th><th>特徴</th><th>活用方法と計算の例</th></tr>
<tr><td>①一時金として受け取る</td><td>一時金で受け取ると「退職所得控除」の対象になり、勤続（iDeCo加入期間）20年超ならば、一時金で受け取る場合2200万円までは非課税！
◎退職所得金額の計算方法
（収入金額（源泉徴収される前の金額）－退職所得控除額）×1/2
◎退職所得控除は勤続年数で異なる
<table><tr><th>勤続年数(=A)</th><th>退職所得控除額</th></tr><tr><td>20年以下</td><td>40万円×A
（80万円に満たない場合には、80万円）</td></tr><tr><td>20年超</td><td>800万円＋70万円×（A - 20年）</td></tr></table>
iDeCoの一時金受取額より退職所得控除の方が多いので非課税</td><td>60歳で退職して、iDeCoの資金を年金がもらえる65歳までの生活費にあてる、など
〈例〉
iDeCoの一時金受け取り額が1000万円、勤続30年、iDeCo加入期間30年の場合
※iDeCo以外に退職所得はないものとする
退職所得控除額：
{800万円+70万円×（30年−20年）}
=1500万円
1000万円ー1500万円=−500万円</td></tr>
<tr><td>②年金として受け取る</td><td>年金で受け取ると雑所得として「公的年金等控除」の対象になる。
受取金額から公的年金等控除額を差し引いた金額が課税対象となる。また、60歳から64歳までは年60万円までが非課税になる
（公的年金等控除は年齢、公的年金等の収入額で異なる）
iDeCoの年金受取額が60万円以下なので非課税</td><td>年金で受け取って60歳から65歳になるまでの生活費をカバーする、など
〈例〉
63歳、iDeCoの受け取り額：年額36万円の場合
→60歳から64歳までは公的年金等控除額が60万円
36万円−60万円=−24万円
※年金は一定の金額を超えると源泉徴収される。公的年金等の収入金額が400万円以下で、他の所得の合計金額が20万円以下の場合、確定申告は不要。</td></tr>
<tr><td>③一時金と年金を併用する（併給）</td><td>一時金は「退職所得控除」、年金は「公的年金等控除」の対象になる
※退職金額が大きい場合、課税される可能性もある</td><td>退職所得控除額の上限までの範囲で一時金で受け取って、残りを年金で受け取る、など
〈例〉iDeCoの評価額が1000万円、勤続年数30年、iDeCo加入期間30年、65歳からの公的年金が年額228万円の場合
※iDeCo以外に退職所得はないものとする
・60歳で退職し、一時金で500万円受け取る……非課税
・残りは60歳から70歳まで年金で受け取る……60歳から64歳までは非課税</td></tr>
</table>

第5章

NISA&iDeCo 私たちにもできる銘柄選び

インデックスとアクティブって何？

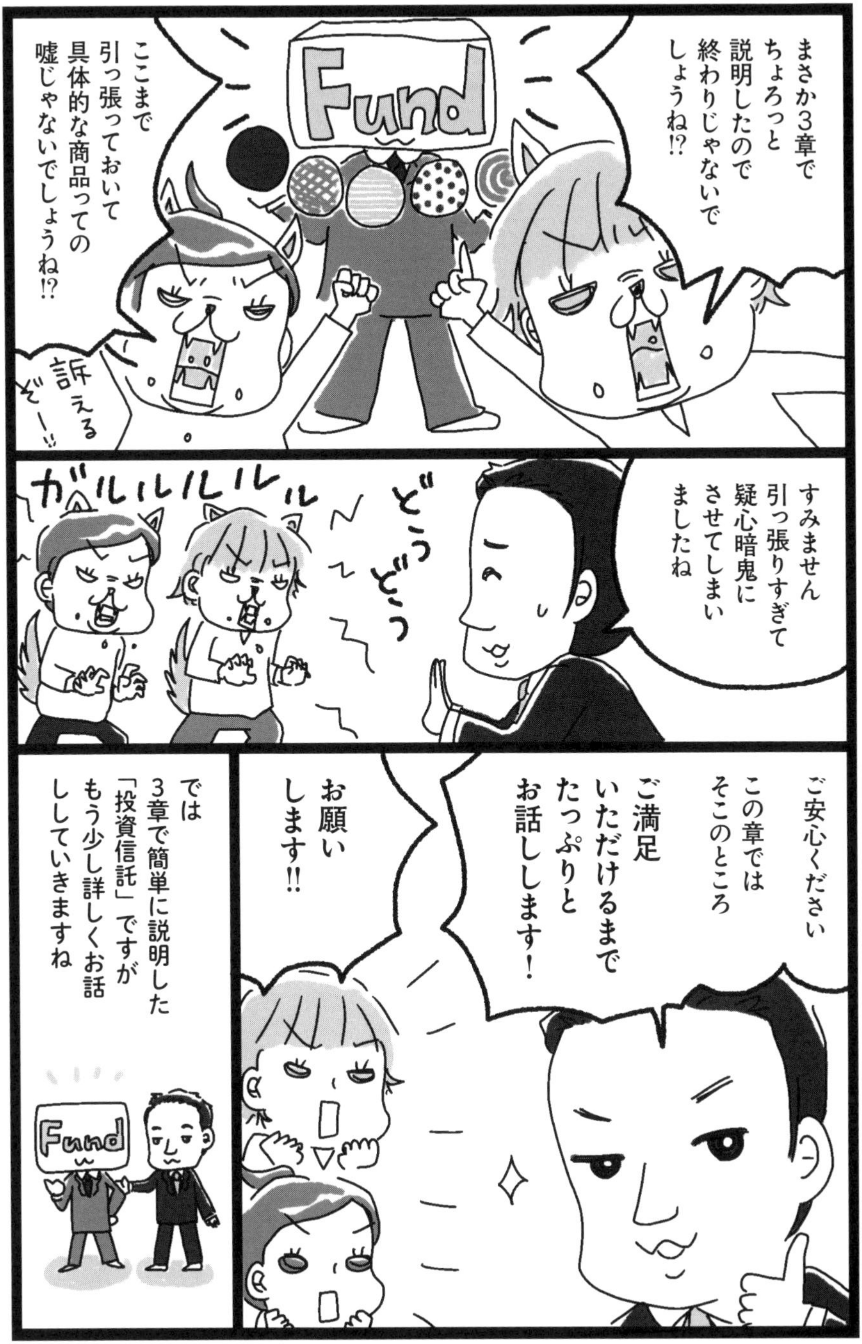

まさか3章でちょろっと説明したので終わりじゃないでしょうね⁉
Fund
ここまで引っ張っておいて具体的な商品っての嘘じゃないでしょうね⁉
訴えるぞー‼
すみません引っ張りすぎて疑心暗鬼にさせてしまいましたね
どうどう
ガルルルルルル
ご安心くださいこの章ではそこのところご満足いただけるまでたっぷりとお話しします！
お願いします‼
では3章で簡単に説明した「投資信託」ですがもう少し詳しくお話ししていきますね
Fund

投資信託（ファンド）にはインデックス型とアクティブ型があります
アクティブ型
インデックス型

株価指数に従うおとなしい子
特徴
自ら考えて動く活発な子

アクティブ型		インデックス型
市場平均（ベンチマーク）を上回る運用を目指す	運用目標	市場平均（ベンチマーク）に連動する運用を目指す
ファンドマネージャーが調査や分析を通じて銘柄を厳選	組み入れ銘柄	指数と同じ銘柄構成
インデックス投信よりは高め	コスト	アクティブ投信よりは低め

一般的な特徴ですすべてがこうではないです
全然タイプが違うんですね

また難しい言葉を…
市場平均とか
指数とか…
プシュ〜…
市場平均とは
特定の銘柄群や
株式市場全体の
値動きのことです
株価指数とは
ある時点の株価を基準に
市場平均の値動きを
表すものです
つまり
インデックスは
株価指数と
同じように
動くけど
アクティブは
もっと上を
目指すん
ですね
指数には
こんなのがあります
【日本株】
日経平均株価
TOPIXなど
【米国株】
ダウ平均株価
（NYダウ）
ナスダック…など
Higher!
あれ、コストってことは
お金がかかるんですか？
売り買いにも
保有するのにも
お金がかかります
え〜〜〜〜っ！

投資信託の手数料
【買うとき】
■購入時手数料
購入するたびにかかる
同じ商品（投資信託）でも販売会社によって料率が違う
※ネット証券は窓口（対面）販売より割安な傾向あり
※ネット証券の多くは購入時手数料が無料
【持っているとき】
■信託報酬（運用管理費用）
投資信託の運用や管理などにかかる手数料
商品ごとに異なる（年率0・1～2・5％程度）
【売るとき】
■信託財産留保額
換金（解約）するときにかかる
手数料マン
ちょこちょこかかるよ！
一般的にアクティブは手数料が高めです
自分でバリバリ働きますから体力使うんです！
こ、こんなにあるんですか～⁉
いや～
なのでネット証券など少しでも安いところでやった方がいいですよ
特に信託報酬は毎年のことなので長期投資になれば結構かかります
信託報酬率が1％違うだけでこんなに違いが！
信託報酬率が1％違う場合の資産総額
100万円を投資した場合のイメージ
信託報酬控除前リターン4.5％
200 万円
150 万円
100 万円
約33万円の差
信託報酬率 1.5%
信託報酬率 2.5%
5年
10年
15年
20年
出所：金融庁「つみたてNISA早わかりガイドブック」
ぎょん
ぎょ

iDeCoで開設手数料払ってすでに損した気分のところなのに〜
ちっ
ぎゅう〜
節税効果でそれでもお得だと言われてもなかなかですよねぇ
そう…手数料はどうしてもかかってしまうもの
だから基本的に初心者にはインデックスファンドがおすすめです!
インデックス
ウフフ… 手数料安いわよ
低コストですし商品選びも簡単ですから
そうなんですか?
ただアクティブも悪くないですよ
より投資に関心があって勉強したり試したりしたい人には挑戦してもいいでしょう

安心なのは「バランス型投資信託」

数の多さもそうですけど何が何やら用語もさっぱりわかりません！
だよね！
私、前に少額でいろいろ買ったけど
ちんぷんかんぷんだから
選び方わからなかったもん
えっへん・・・
???
PC
??
胸を張って言うことですか？
で、どうやって買ったんですか？
結局はネット証券の人気ランキングの上位にあるものを選んで買いました
RUNKING
上から3つちょーだい！
えっ どんな商品かもまったくわからずに…？
アクティブ・インデックスやら手数料とかもわからず…？
だって〜！
他に方法なくない？
だれも正解を教えてくれないし
これでいいのかどうか不安で不安で…
ランキングしか頼れなかったんだよ
PC

うださんが
使っている
ネット証券の
人気ランキングの
上位は
手数料が
安いものが
上位に並ぶことも
多いので
悪くないと
思いますよ
RUNKING
安いよ
本当
ですか？
…ほっ
でも
ほかの会社も
そうだとは
限りません
そのネット証券も
常にそうとは限りませんし…
金融商品も
「商品」なので
「証券会社が
売りたい
商品」を売る
つまり
いいものと
注意した方が
いいものが
あります
いいもの
要注意
え〜、そんなの
素人には
わからない
ですよね!?
ここまで
来ても
やっぱり
投資やるの
まだまだ
不安〜

また投資信託の運用成績は市場環境によって変動するので
利益が得られることもあれば損することもあります
まあそうでしょうけど…
投信
つまり投資信託は元本保証されていません
カラ…ッ
投信
可能性はゼロではない
いや、まあそうでしょうけど
せっかくやる気になっているこのタイミングで
それ言う〜!?
もう投資なんて私にはできない〜!
わーん
泣かないでください
大丈夫そんな人におすすめなのがあります
なんですか!?

安定した運用を目指すならコレ！
バランス型ファンド
イエーイ
ビシッ
バランス型ファンドは株式や債券不動産など複数の資産や市場にバランスよく分散して投資してくれます
おお～3章でやった分散投資！
イイ感じの分散をやってくれるんですね！それは助かる！
分散でリスクを少なくしてくれるんですよね
それならやってもいいかも～!!
投資信託…信じて託す…ですもんね
まかせて

バランス型にもインデックスとアクティブがあります
初心者でなるべく値動きを抑えたい人はバランス型のインデックスをコツコツ長期で積み立てるといいでしょう
ゆっくりゆっくりよ
コツコツコツコツコツ
そうすれば…老後2000万円も夢じゃありません
わあぁああっ
よろしくね♡バランス型インデックスちゃん
こちらこそ
私も…!あなたとならやっていけそうよ♡

初心者はこれを買うべし！

じゃあ早速 買ってみますか！
私だけの バランス型 インデックス ちゃ〜ん♡
証券会社の 投資信託検索で バランス型と インデックスに チェックをいれて …っと
……
なんか また たくさん 出てきて どれが 何だか わからないん ですけど…？
この流れ何回目…？
スラ〜リ☆
そう！ ズボラで 投資オンチな 私たちは
カッ
私に合った！ 具体的な!! 商品名を!!! 知りたいん です〜!!!! 私だけの 特別な オンリー ワンを！
ONLY ONE☆

本当はご自身で資産の配分割合などもチェックしてどれがいいか選べるといいのですが
配分？割合？チェック？
そんなことが
私たちにできると？
いばりっ
はいそうですね配分について詳しくは章末コラムでご説明します
ではいよいよですこちらをご覧ください

IFAの本領発揮！
こういう人には
こういう投資信託！
わ〜
始まった〜！
まずは
「資産配分診断」を
していきます
これに答えて
点数を計算
していけば
いいのね
ラジャー
質問1
いつ使うお金ですか？
（目標とするまでの期間）
①5年未満……………0p
②5年〜10年…………10p
③10〜20年…………30p
④20年以上…………50p
教育費は
③だけど
老後資金は
④だなあ
2パターン
計算して
おこうかな
質問2
世帯年収はどれくらいですか？
①300万円未満…………0p
②300〜500万円………3p
③500〜800万円………5p
④800万円以上…………10p
うちはマジ
低いよ〜
うちは
浪費も
すごいので…

質問3
世帯全体の金融資産はいくらですか？
①6カ月以上の生活費未満……0p
②1〜3年程度の生活費………5p
③3年以上の生活費…………10p
……
無言……
質問4
資産運用のリスクをどのように考えていますか？
①一時的でも元本割れは嫌だ…0p
②リスクが小さければ、預金以上の利回りを期待したい………5p
③リターンのためには、多少のリスクは許容すべきだ……10p
④高いリターンのために積極的にリスクをとって運用したい…20p
リスクは小さくリターンは大きく取りたい〜
それできるならみんなそうですって
質問5
資産運用についての興味・関心はどれくらいありますか？
①今まであまり興味はなく情報収集をしていない……0p
②新聞や雑誌などのマネー欄をたまに見る…………3p
③投資経験もあり、定期的に情報収集もしている………5p
④10年以上の投資経験があり、投資全般の知識がある………10p
うださん④ですよね
やめてよ〜③も申し訳なくて無理だよ〜せめての②だよ〜

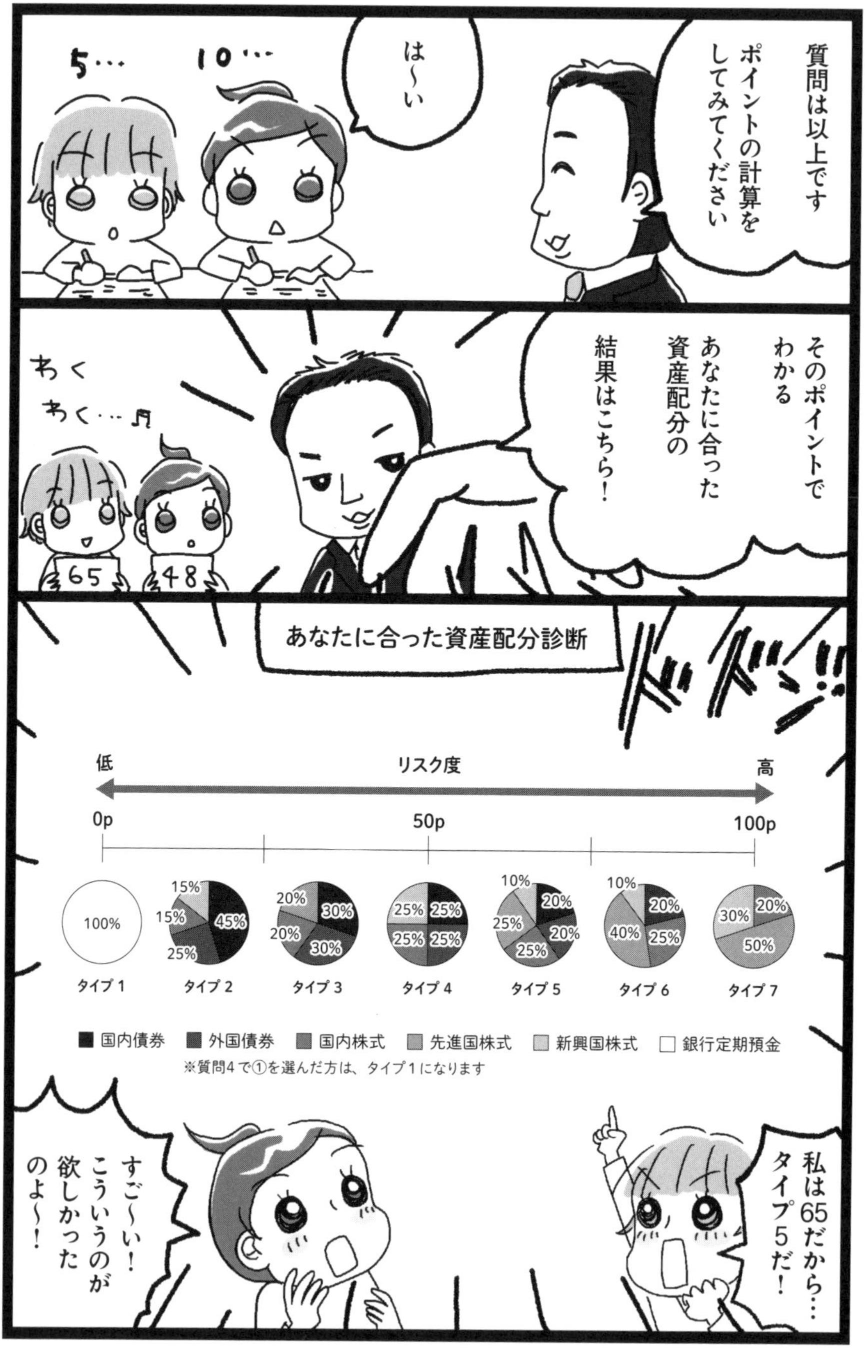

質問は以上です
ポイントの計算をしてみてください
は〜い
5…
10…
そのポイントでわかるあなたに合った資産配分の結果はこちら！
わくわく…♪
65
48
あなたに合った資産配分診断
ドドン!!
低
リスク度
高
0p
50p
100p
100%
タイプ1
15% 15% 25% 45%
タイプ2
20% 30% 20% 30%
タイプ3
25% 25% 25% 25%
タイプ4
10% 20% 25% 20% 25%
タイプ5
10% 20% 40% 25%
タイプ6
30% 20% 50%
タイプ7
■国内債券 ■外国債券 ■国内株式 ■先進国株式 ■新興国株式 □銀行定期預金
※質問4で①を選んだ方は、タイプ1になります
私は65だから…タイプ5だ！
すご〜い！こういうのが欲しかったのよ〜！

私は これか これか…
債券が 多めだわ〜
きゃい きゃい
私は 新興国株式も 入ってて 攻めちゃっても いい感じ…？
そっか そっか うんうん
…で？
じと
はいはい わかってます
さすがに ここまで 来たら
それぞれの方に つみたてNISAや iDeCoでの おすすめ商品を まとめてみました
次のページへ どうぞ〜
GO!
キター ‼
ありがたや〜♡

NISA商品はこれ!

リスク度　→　高

タイプ4	タイプ5	タイプ6	タイプ7
国内外の株と債券に バランスよく分散	今後の 経済成長に期待! 新興国株にも少し投資	株式8割、外貨中心で 円安にも強い!	株式100%で 目指せハイリターン!
国内債券:25% 外国債券:25% 国内株式:25% 先進国株式:25%	国内債券:20% 外国債券:20% 国内株式:25% 先進国株式:25% 新興国株式:10%	国内債券:0% 外国債券:20% 国内株式:25% 先進国株式:40% 新興国株式:10%	国内債券:0% 外国債券:0% 国内株式:20% 先進国株式:50% 新興国株式:30%
〈購入・換金手数料なし〉 **ニッセイ・インデックスバランスファンド(4資産均等型)**	**野村 6資産均等バランス**	**楽天・インデックス・バランス・ファンド(株式重視型)**	**SBI・全世界株式インデックス・ファンド〈雪だるま(全世界株式)〉**
・**運用会社:** ニッセイアセットマネジメント ・**基準価額:** 13,943円 ・**信託報酬:** 0.15% ・**純資産総額:** 251.89億円 ・**運用実績** 1年:1.74% 3年:1.81% 5年:6.73% ・**特徴など:** 国内株式、国内債券、外国株式、外国債券に25%ずつ投資	・**運用会社:** 野村アセットマネジメント ・**基準価額:** 12,982円 ・**信託報酬:** 0.24% ・**純資産総額:** 432.07億円 ・**運用実績** 1年:1.53% 3年:5.56% 5年:5.76% ・**特徴など:** 国内外の債券、株式、REIT(不動産投資信託)に投資	・**運用会社:** 楽天投信投資顧問 ・**基準価額:** 13,194円 ・**信託報酬:** 0.21% ・**純資産総額:** 253.45億円 ・**運用実績** 1年:-1.64% 3年:8.76% 5年:ー ・**特徴など:** FTSEグローバル・オールキャップ・インデックスに連動する投資成果を目指して運用	・**運用会社:** SBIアセットマネジメント ・**基準価額:** 15,215円 ・**信託報酬:** 0.11% ・**純資産総額:** 794.59億円 ・**運用実績** 1年:4.03% 3年:13.96% 5年:ー ・**特徴など:** FTSEグローバル・オールキャップ・インデックス(円換算ベース)の動きに連動する投資成果を目指して運用

※2022年12月27日現在、信託報酬はその他費用を含む実質信託報酬

・タイプ別の資産配分と商品の資産配分は異なる
・金融機関によって取扱い商品が異なる

あなたにぴったりの

低

	タイプ1	タイプ2	タイプ3
タイプ	安全！ だけど増えない…	外貨と株で ちょっと挑戦してみる	資産の半分を 外貨で持ち 円安にも備える
資産配分		国内債券：45% 外国債券：25% 国内株式：15% 先進国株式：15%	国内債券：30% 外国債券：30% 国内株式：20% 先進国株式：20%
つみたてNISAの 運用商品例	NISAには 該当商品なし	**DCニッセイワールド セレクトファンド （安定型）** ・**運用会社：** ニッセイアセット マネジメント ・**基準価額：** 10,511円 ・**信託報酬：** 0.15% ・**純資産総額：** 106.39億円 ・**運用実績** 1年：-1.92% 3年：0.91% 5年：1.13% ・**特徴など：** 国内株式5%、 国内債券60%、 外国株式5%、 外国債券25%、 短期金融資産5%	**Smart-i 8資産バランス （安定型）** ・**運用会社：** りそなアセット マネジメント ・**基準価額：** 10,917円 ・**信託報酬：** 0.18% ・**純資産総額：** 49.29億円 ・**運用実績** 1年：-5.00% 3年：1.61% 5年：ー ・**特徴など：** 国内、先進国、 新興国の債券・株式、 国内と先進国の不動 産投資信託に投資

iDeCo商品はこれ!

リスク度 → 高

タイプ4	タイプ5	タイプ6	タイプ7
国内外の株と債券に バランスよく分散	今後の 経済成長に期待! 新興国株にも少し投資	株式8割、外貨中心で 円安にも強い!	株式100%で 目指せハイリターン!
国内債券:25% 外国債券:25% 国内株式:25% 先進国株式:25%	国内債券:20% 外国債券:20% 国内株式:25% 先進国株式:25% 新興国株式:10%	国内債券:0% 外国債券:20% 国内株式:25% 先進国株式:40% 新興国株式:10%	国内債券:0% 外国債券:0% 国内株式:20% 先進国株式:50% 新興国株式:30%
セゾン・グローバル バランスファンド	**日興−DC インデックスバランス (株式60)**	**日興−DC インデックスバランス (株式80)**	**楽天・全世界株式 インデックス・ファンド**
・運用会社: セゾン投信 **・基準価額:** 18,817円 **・信託報酬:** 0.56% **・純資産総額:** 3264.12億円 **・運用実績** 1年:2.68% 3年:8.50% 5年:6.27% **・特徴など:** 独立系のセゾン投信のファンド、株式と債券が50%ずつ	**・運用会社:** 日興アセットマネジメント **・基準価額:** 26,249円 **・信託報酬:** 0.15% **・純資産総額:** 182.00億円 **・運用実績** 1年:2.52% 3年:6.02% 5年:4.20% **・特徴など:** 実質組み入れ比率は債券40%、株式60%	**・運用会社:** 日興アセットマネジメント **・基準価額:** 31,825円 **・信託報酬:** 0.15% **・純資産総額:** 149.02億円 **・運用実績** 1年:4.34% 3年:8.36% 5年:5.52% **・特徴など:** 実質組み入れ比率は債券20%、株式80%	**・運用会社:** 楽天投信投資顧問 **・基準価額:** 15,631円 **・信託報酬:** 0.20% **・純資産総額:** 2218.29億円 **・運用実績** 1年:3.57% 3年:13.95% 5年:10.18% **・特徴など:** FTSEグローバル・オールキャップ・インデックス(円換算ベース)に連動する投資成果を目指す

※2022年12月27日現在、信託報酬はその他費用を含む実質信託報酬

・タイプ別の資産配分と商品の資産配分は異なる
・金融機関によって取扱い商品が異なる

あなたにぴったりの

低 ←

タイプ	タイプ1	タイプ2	タイプ3
	安全! だけど増えない…	外貨と株で ちょっと挑戦してみる	資産の半分を 外貨で持ち 円安にも備える
資産配分	預金のみ	国内債券:45% 外国債券:25% 国内株式:15% 先進国株式:15%	国内債券:30% 外国債券:30% 国内株式:20% 先進国株式:20%
〈iDeCo〉の 運用商品例	定期預金	**楽天・インデックス・バランス(DC年金)** ・運用会社: 楽天投信投資顧問 ・基準価額: 10,024円 ・信託報酬: 0.163% ・純資産総額: 184.59億円 ・運用実績 1年:-11.77% 3年:-1.53% 5年:- ・特徴など: 確定拠出年金専用のファンド、株式15%、債券85%	**日興-DC インデックスバランス(株式40)** ・運用会社: 日興アセットマネジメント ・基準価額: 21,207円 ・信託報酬: 0.15% ・純資産総額: 135.80億円 ・運用実績 1年:0.58% 3年:3.70% 5年:2.85% ・特徴など: 実質組み入れ比率は債券60%、株式40%など

目論見書を見てみよう

インデックスバランス
これが…私だけのオンリーワン……
やっと会えたね…♡
ぎゅっ
うださんだけのものじゃないですしひとつだけってわけじゃないですけどね
でも…そっかあこれが私に合った商品ですかあ
うふふどんな子なのかな?
ちょっと見てみようって気になりますね
さっそく証券会社のサイトでチェックチェック〜♪
タブレット

○○○○インデックスファンド
2023年1月
月次レポート
●基準価額及び時価総額の推移
●基準価額及び純資産総額
●投資の状況
●騰落率
●設定来分配金合計
うん
何が書いてあるのか
さっぱりわからない!!
何なんですか
これとか
目論見書…?
メロンミショ…?
MELON
モクロミショ
です
あ〜それ!
うださん
これが何か
知ってるん
ですか!
意外!
うん?
何かは
知らない
けど?
前に
投資信託を
買うとき
目論見書を
読みましたか?
って
チェックが
あって
さっと
見ただけで
「読みました」に
チェック
したんだよね
待って
待って!
読みました
ポチッ★
TaP!
ダメダメ

目論見書とは
その投資信託の特徴や
今までの運用実績を
まとめた
履歴書のようなものです
やあ
目論見書
履歴書…？
こんなむずしい
履歴書が
送られてきたら
私が採用担当なら
発狂しそうです
使ってる言葉
難しすぎて
何書いてあるか
わからないし
読むのにめっちゃ
時間かかるし！
キェエエエッ!!
ギリギリギリギリ
まあまあ
そんなに
難しいことは
書いてませんよ
その投資信託の
運用目的や特色
どんなリスクが
あるのか
運用実績や
費用などが
確認できますから
購入するときには
ぜひとも
チェックして
ください
運用の目的・特色
リスク
手数料
運用実績
etc…

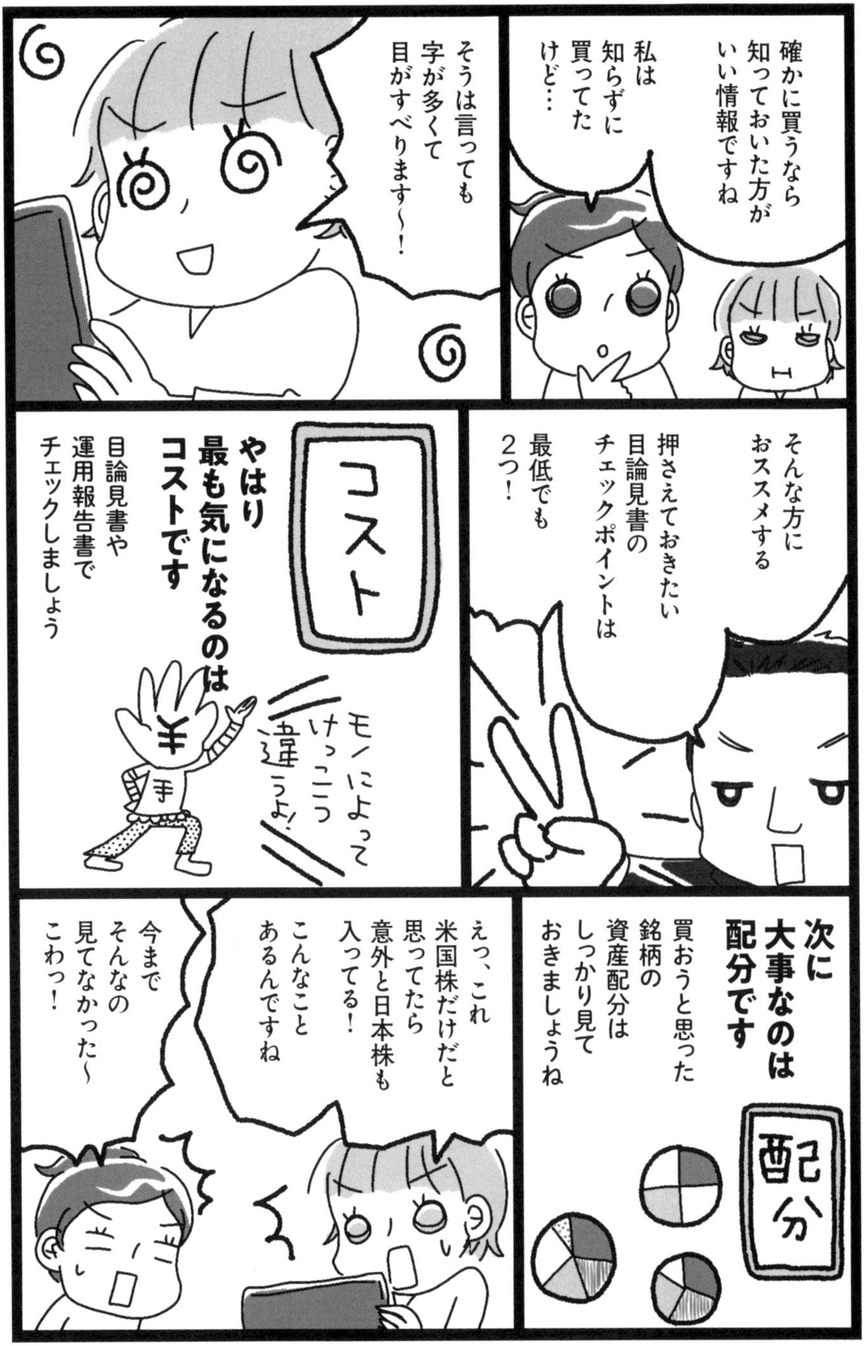
確かに買うなら知っておいた方がいい情報ですね
私は知らずに買ってたけど…
そうは言っても字が多くて目がすべります〜!
そんな方におススメする押さえておきたい目論見書のチェックポイントは最低でも2つ!
コスト
やはり最も気になるのはコストです
目論見書や運用報告書でチェックしましょう
モノによってけっこう違うよ!
次に大事なのは配分です
買おうと思った銘柄の資産配分はしっかり見ておきましょうね
配分
えっ、これ米国株だけだと思ってたら意外と日本株も入ってる!
こんなことあるんですね
今までそんなの見てなかった〜
こわっ!

また
インデックスと
アクティブでは
見るポイントも
異なります

目論見書・見るところポイント

アクティブ型	インデックス型
●ファンドの目的・特色 ・投資対象（何に、どこに投資しているのか一株式、債券、不動産、国内、先進国など） ・どんな目的で運用するのか（このファンドの強みなど） ・どんな運用をするのか（運用方針、運用哲学） ・誰が運用しているのか **●手続き・手数料** ・手数料はどのくらいか ・信託期間、繰り上げ償還の条件 **●運用実績** ・運用成績はどうか ・純資産総額はどのくらいあるか ・分配金の扱いはどうか	**●ファンドの目的・特色** ・投資対象（何に投資しているのか-株式、債券、不動産など） ・投資対象（どこに投資しているのか-国内、先進国、新興国、世界全体など） **●手続き・手数料** ・手数料はどのくらいか **●運用実績** ・純資産総額はどのくらいあるか

アクティブ型は
ファンドごとに
特色があって
興味深い
ですよ
Fund

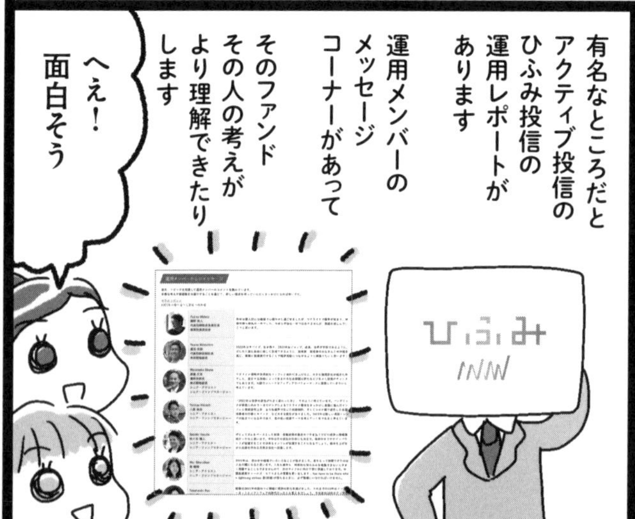
有名なところだと
アクティブ投信の
ひふみ投信の
運用レポートが
あります
運用メンバーの
メッセージ
コーナーがあって
そのファンド
その人の考えが
より理解できたり
します
へぇ！
面白そう
ひふみ

ほかにも
セゾン投信なども
ファンド
マネージャーの
動画があったり
会長の動画が
あったりで
運用について
だけじゃなく
ファンドの
「哲学」
までもが
伝わってきます
Fund
はじめてのセゾン投信
セゾン投信が目指すもの、お客さまへのお約束
そしてセゾン投信の長期投資とは？
初めてセゾン投信を知った方にぜひ見ていただきたい動画です。
（5分30秒／2016年4月掲載）
フィデューシャリー宣言
当社は「お客さまのため」にのみ資産運用を行う者としてのフィデューシャリー・デューティーの遵守をお約束し、フィデューシャリー宣言を公表しております。
（6分18秒/2015年6月制定時掲載）
SAISON
ASSET
MANAGEMENT
セゾン投信
アクティブファンドの場合はこうした考え方や投資スタイルに共感できるかも大事なポイントですね
なるほどね たしかに履歴書を見ているようね
全部の商品の目論見書を見るのは大変だけど 買おうと思ったもの 買ったものなら見てみようって気になれますね
まあすでに吉田さんがかなり絞ってくれてるからね～

投資との上手な付き合い方

月次レポートはチェックしてみてください
月次レポート
投資先の企業が入れ替わっていたり配分が変わっていたりします
私は基本インデックスだからそこまで見なくてもいいんですよね⁉
そっか、ならほったらかしも結構できそうね
私はアクティブも気になるからな〜
Mさんに比べたらかけられる時間が短いし
リターンが高めのものを狙いたいのよね
はあ…めんどくさいけどちょこちょこチェックするかぁ
ま、株式投資で個別の銘柄選ぶめんどくささに比べれば
ダ・ン・ゼ・ン楽だしね♪
株
株

株式投資には自分で「これだ!」と思える銘柄を選ぶ楽しさ
将来大きく成長しそうなテーマや分野を見極めて選ぶ面白味はありますよね
株
株
株
株
例えばこんなイメージです
おお
未来のデザインイメージ
自動運転の世界
人がハンドルをにぎらなくてOK!
これで事故がなくなるといいね
メタバースや仮想現実
いかがですか?
NICE!
多好!
ロボットの進化
茶つみの仕方は
こうしてああして
へぇ〜!
2040年の社会予想
わっステキ!未来予想図ね
ロボットや遠隔操作などの技術の発展による世の中の成長をイメージし
そこに投資する面白さがあります

投資とは
お金に
働いてもらい
増やすこと
ですからね
あれ？
それって…
最初に吉田さんが
教えてくれたこと…
働いて
きま～す！
MONEY
私のお金が
世の中を
成長させて
くれるような
ところへ
旅立っていく
よし
あそこに
投資
しよう
MONEY
そして
成長して
帰ってくる
ただいま～
MONEY
私や子ども
いろんな人の
未来が
よくなっていく…
増えてる…!!

私のお金でそんなことができたらうれしい…！
イエーーイッ！
MONEY
こうして聞くと投資ってすごくいいいいものですね
第2章
これをこんな実感できるなんて…！
それって投資信託でもできますよね？
うんできる…かな
自分が期待するテーマに関連している企業の株が多く入っている商品を買うとか！
目論見書見ればわかりますよね!?

ぷぷっ あんなに面倒くさがってたのに そんなのやれるの？
まぁ私も人のこと言えないけど――
ドキッ
うっ う～ん そうだけど… でも…！
――私たち
吉田さん！
やってみたいです！
はい、ぜひ挑戦してみてください
自分に見合った形での投資との付き合い方を学べた！
第5章 終わり

COLUMN 6

投資信託のおさらいと選び方のポイント

投資信託は3つの会社が支えている

投資信託は、大勢の人（投資家）から集めたお金をひとつにまとめて、「ファンドマネージャー」と呼ばれる運用のプロがさまざまな資産に分散投資して運用する金融商品です。略して「投信」と呼んだり、英語の「ファンド」を使うこともあります。

投資信託には、「販売会社」、「運用会社」、「資産管理会社」と呼ばれる3つの会社（金融機関）が関わって、管理、運用されています。

このうち販売会社は、投資信託を売っている、いわば小売店です。証券会社や銀行などが該当し、投資家は販売会社を通じて投資信託を購入します。運用会社は、投資信託を作って、運用を行うところです。投資信託のメーカと言えるでしょう。資産管理会社は、運用している資産を保管している、金庫のような存在

投資信託は3つの会社で管理・運用されている

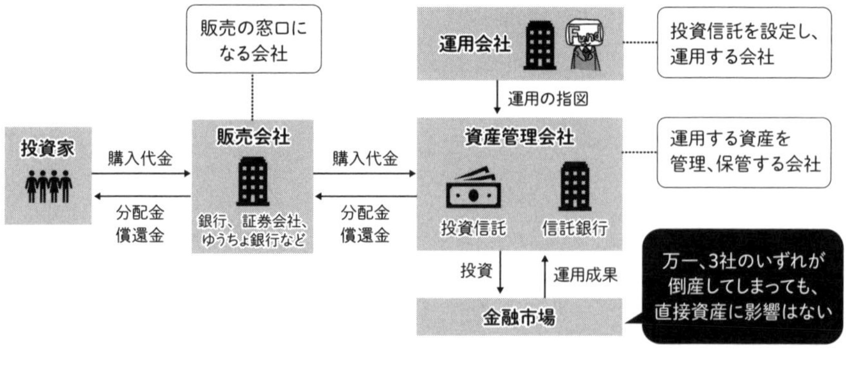

複利って何？

運用で得た利益を再投資して、利益が利益を生んで膨らむことを複利効果といいます。投資信託では、分配金を再投資するので（※）長期保有することで複利効果を得やすくなります。

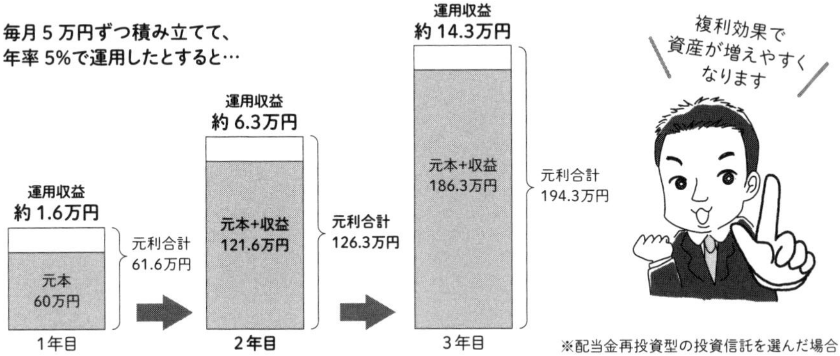
毎月５万円ずつ積み立てて、
年率 5%で運用したとすると…
運用収益
約 1.6万円
元本
60万円
元利合計
61.6万円
1年目
運用収益
約 6.3万円
元本+収益
121.6万円
元利合計
126.3万円
2年目
運用収益
約 14.3万円
元本+収益
186.3万円
元利合計
194.3万円
3年目
複利効果で
資産が増えやすく
なります

※配当金再投資型の投資信託を選んだ場合

です。信託銀行が該当し、信託銀行では投資信託の財産（信託財産）と自社の財産を区分して管理することが義務づけられています。

なお、販売会社が倒産した場合、投資家が保有する投資信託は、他の販売会社で取引できます。運用会社の場合は、他の運用会社が運用を引き継ぐか、繰り上げ償還といい運用期間が終了する前にお金で返されます。信託銀行の場合は、信託財産が他の信託銀行に移されるか、破綻時の基準価額で解約されます。

「分配金なし」は複利効果が期待できる

投資信託には、運用で得た利益を投資家にお金で還元する「分配金あり」と、利益を投資家に分配せず、再投資する「分配金なし」のタイプがあります。資産運用では、運用で得た利益を再び投資することで、利益が利益を膨らんでいく「複利効果」で資産を増やしていくことが大切ですから、分配金がないものを選びましょう。

仮に、毎月5万円ずつ積み立て、年率5％で運用したとします。1年目の運用収益は約1・6万円ですが、これを再投資すれば、2年目の元本は121・6万円になり、この金額を年率5％で運用できます。ですが、運用益を分配金として受けとってしまうと、2年目の元本は120万円です。「分配金なし」のほうが早くお金を増やせそうですよね。

なお、投資信託には、購入時にかかる購入時手数料、運用期間中ずっとかかる信託報酬などの手数料があります。なかでも、信託報酬が高いと、利益を押し下げることにつながるので、投資対象が同じなら、低いものを選びましょう。204ページに、投資信託選びのポイントをまとめました。もう一度確認して、ご自身が選ぶ際の参考にしてください。

投資信託選びのポイント

●手数料をチェックしよう

投資対象が同じ投資信託でも、信託報酬に違いがあると、運用成績に差がつくこともあります。例えば、運用収益が年3%の場合、信託報酬が年率0.2%の「ファンドA」の収益は2.8%ですが、信託報酬が年率2%の「ファンドB」の収益は1%になってしまいます。

運用収益が年3%だとすると

世界株式ファンドA
(信託報酬 年率 0.2%)

〈ファンド A の収益〉
3%−0.2%→2.8%

世界株式ファンド B
(信託報酬 年率 2%)

〈ファンド B の収益〉
3%−2%→1%

●何に投資しているのかをチェックしよう

特定の国や特定のテーマの株式や債券で運用される投資信託は、その国の景気がいい時や、そのテーマが注目を集めている時には、投資信託の値段である「基準価額」も上がりやすくなります。ところが、経済が悪化したり、そのテーマの人気がなくなると、売る人が増えて基準価額が下がってしまいます。投資初心者は安易に選ばないほうが良さそうです。

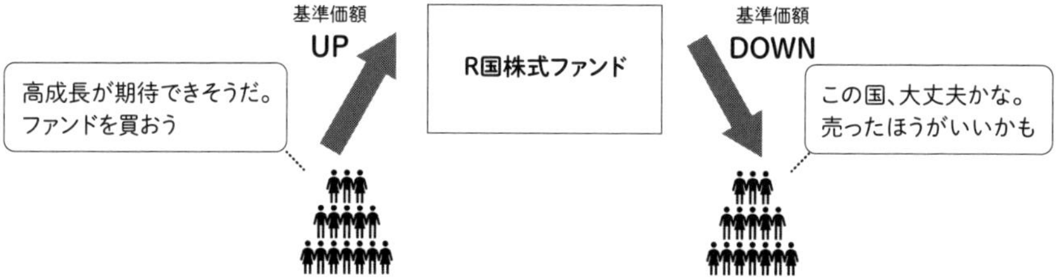

高成長が期待できそうだ。ファンドを買おう
基準価額
UP
R国株式ファンド
基準価額
DOWN
この国、大丈夫かな。売ったほうがいいかも

●資産の配分をしっかりチェックしよう

株式の組み入れ比率が高いほど、値動きのブレ（リスク）は大きくなります。また、取れるリスクは、人によっても運用できる期間などによっても異なります。自分が取れるリスク（リスク許容度）を知り、それに適した資産配分のものを選びましょう。

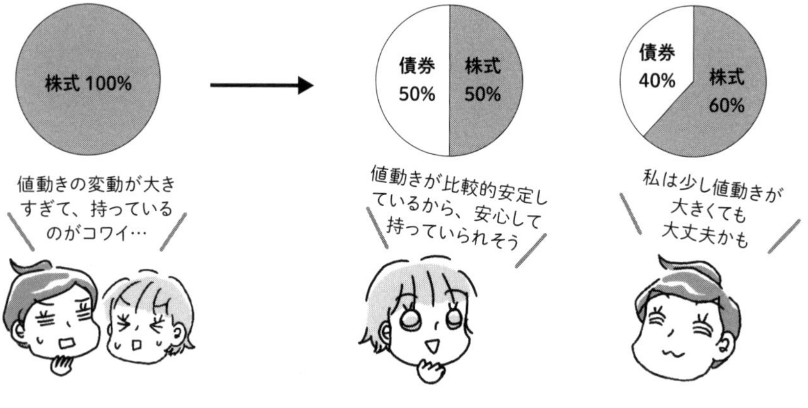

株式 100%
債券 50%
株式 50%
債券 40%
株式 60%
値動きの変動が大きすぎて、持っているのがコワイ…
値動きが比較的安定しているから、安心して持っていられそう
私は少し値動きが大きくても大丈夫かも

エピローグ

iDeCoの事業主証明書は？
これなぁ…総務に書いてもらったよ面倒だった〜
節税のためよ！（殺し文句）
それに一回始めちゃえば楽だから！
そうだけどさ〜苦手なんだよね…
ブツブツ

私の気持ち的には投資っていうよりも銀行の定期預金と同じ感覚なのよね♪
あくまで私の感覚のハナシね
家買うために貯めてたよね?
そう、それと同じ!給料から天引きされて貯まっていく感じ!
それで定期預金よりもお金が増やせるんだったらやらない手はないでしょ?
まあ本当に増えるならなあ…
PC
な・に・よ・り
節税
そ、それなその言葉のパワーえげつないわ…
目が節税…!!

節税できれば
余裕ができる！
保育料も下がる！
第二子を考えるのも不安がなくなる！
いいことづくめよ♡
キラキラしてんな～
つや
つや
そうだな
手続き進めるよ
カチカチ
余裕ができたらそこで初めて
住宅ローンの繰り上げ返済よ～!!
ゴォォォォ

久々にオレも一緒にスーパー来たけど
本当にいろんなものがちょっとずつ高くなってて驚いたな…
うわっ！このチーズ600円!?高っ!!
前は298円じゃなかった？
そうそう
FRESH MEAT
CHEESE
¥598
あれ？ケチなママが物価高に怒ってないね
前はキレ散らかしてたよね
よくぞお気づきで
実は…投資の話を聞いていろいろ勉強してからは
値段の上がったり下がったりで
一喜一憂しなくなったのよね♪

えっ!?
ど…どういうこと!?
悟りを開いた!?
うん自分でも不思議なんだけど
はは
物価高だろうとなんだろうと結局は貯蓄分を引いて残ったお金でコツコツやりくりするしかないんだもんね！大変だけどさ
収入
貯蓄分
生活費
だったら怒るよりもどうすれば予算内で買いものできるか工夫できることはないかやれること考えた方がいいよな〜って思うようになったの♡
とりむね肉と豚コマ肉はマストよ〜★

ほ…ほほう…
あとは将来のお金をコツコツ用意している安心感かな
まだ始めたばかりだけど…
資産
「子どもの学費にかかるのにどうしよう〜」「老後のお金貯めるなんて無理〜」って思っていたときは
お金の不安が大きいから
物価高にもイラついてた気がするな…
ギャー
398円
なるほど! それはすごい効果だね
でしょ〜♪
まあ老後資金はまだまだ足りないから仕事頑張らないとだけどね〜!
オレも頑張ります!!
ビシッ

ホント お疲れさま～
いや～まあ 確かに 面倒なことも ありましたけど
やってみると 本当に基本 ほったらかしで めちゃくちゃ いいですね
うんうん
変に不安に なったり 上がったり 落ちたりで 浮かれたり がっかり したりすること ないから 生活が穏やかだよね♪

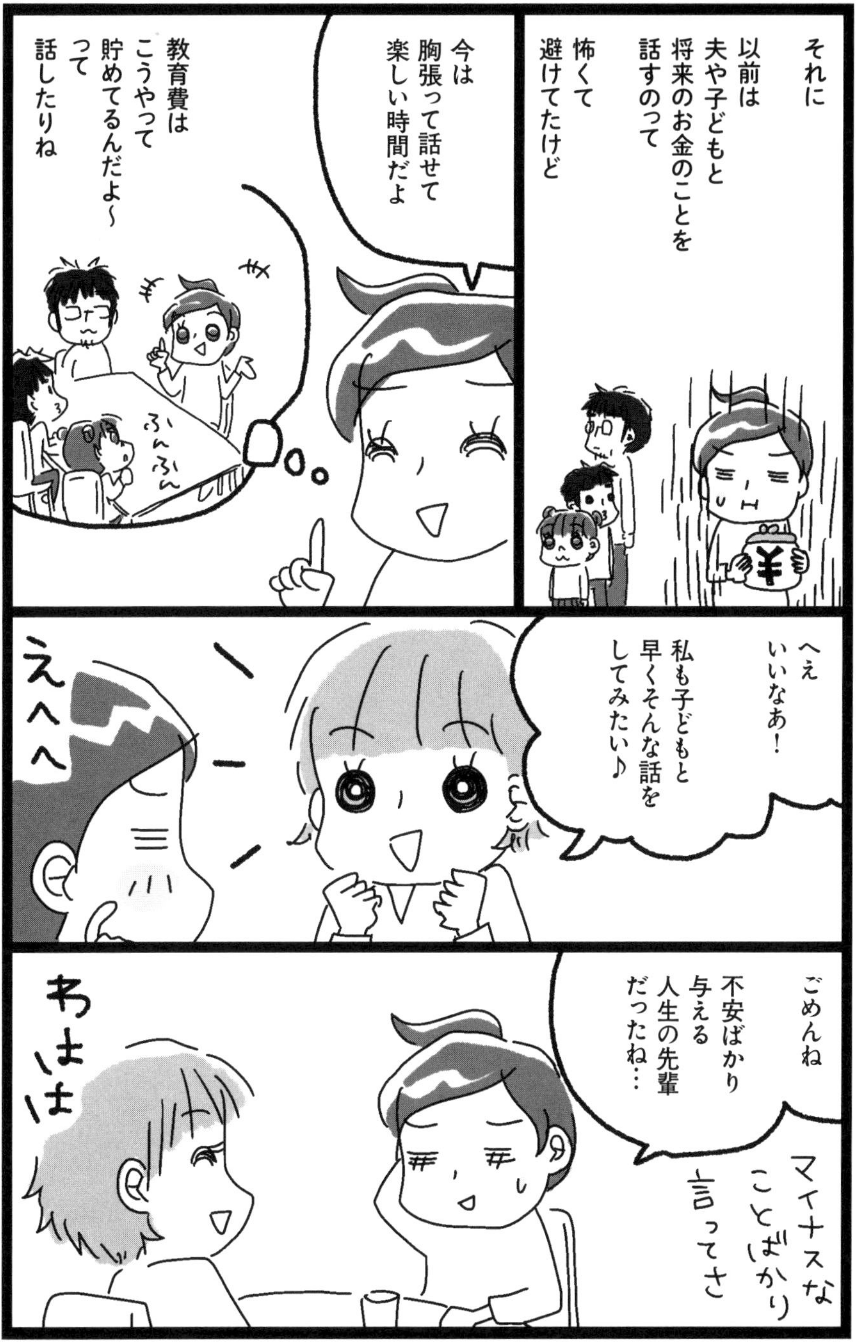

それに
以前は
夫や子どもと
将来のお金のことを
話すのって
怖くて
避けてたけど
今は
胸張って話せて
楽しい時間だよ
教育費は
こうやって
貯めてるんだよ～
って
話したりね
ふんふん
へえ
いいなあ！
私も子どもと
早くそんな話を
してみたい♪
えへへ
ごめんね
不安ばかり
与える
人生の先輩
だったね…
マイナスな
ことばかり
言ってさ
わはは

この話を本にすることで
救われる人がきっとたくさんいますから
企画書
秘
投資の話(仮)
作 うだひろえ
監修 IFA 吉田さん
それでチャラです！
あははやった――…
面倒くさいのはそりゃちょっとあるけど主に最初だけ
忙しくて時間がないから無理だと思っていたけど基本ほったらかしでOKだった！

長い時間ほったらかしだからこそ着実に増えるってのがまたうれしいし将来への安心につながってる…！
こんな気持ちを味わえてホントよかった！
吉田さんありがとうございます！
みなさんもぜひ投資で将来のお金を増やしましょう！
iDeCo
NISA
MON
おしまい♥

おわりに

投資や資産運用を始めたものの、「うまくいっていない」人は少なくありません。「怖い」と感じる人もいるでしょう。その理由は、「漠然とした期待や不安のなかで、商品ありきで投資を始める」人が多いからだと思います。

「商品ありき」で投資した場合、資産が増えているときは「ホクホク」なのですが、何らかの理由で値段が下がってくると心配になり、投資を続けることが怖くなってしまいます。投資で一喜一憂するのは、このためです。そして、常に「最も良い商品は何か?」、「安全なものはどれか?」と探し続けることになってしまいます。

しかし、投資の世界では、常に「良いもの」と「悪いもの」が激しく入れ替わっています。「良いもの」を当て続けることは、運用のプロでも不可能に近いと言えるでしょう。

では、どうすればいいのでしょうか。このマンガでもアドバイスさせていただきましたが、ご自身と家族のライフプランをベースに、「何のためのお金を、いつまでに、どのくらい準備したいのか」という明確な目標を設定し——つまり「自分軸」を定めて——、その目標に最適な商品を選ぶことが重要になります。「自分と家族の必要な運用商品は、これだ」と考えることができれば、投資環境に左右されることなく、淡々と投資を継続することが可能になるはずです。

ここで少し、私のことをお話させてください。私は、愛知県名古屋市で、お客様の夢や希望を実現するために、ライフプランに沿った最適な資産運用のご提案をさせていただくファイナンシャル・プランナー（FP）の事務所、FP法人シグマを経営しています。私自身もCFP®資格を持ち、IFA（独立系ファイナンシャルアドバイザー）として資産運用のアドバイスを行っています。独立したきっかけは、大手証券会社勤務時代に、60代ご夫婦の資産設計に関する相談を受けたものの、当時は収益重視のノルマに追われ、お客様の期待に沿えず悔しい思いをしたことでした。「お金のことをじっくり相談できる場所が必要だ」と考えるようになり、IFAの存在を知り、「まさに自分の理想を実現できる仕事だ」と考え、今日に至ります。

私たちの仕事は、お医者さんに似ていると思います。お医者さんは、「咳が出る」と訴える患者さんの話を聞き、喉を診て、目を診て、聴診器を当て、「風邪」以外のもっと重い病気の可能性も探ったうえで診断をし、治療方針を決めて、薬などの処方箋を出します。

私たちにとっては、投資信託などの金融商品は「薬」です。お客様の現在や将来の目標がわからない状況では、薬は出せません。誰にも効く万能薬はありませんし、効きすぎる薬には強い副作用もあるからです。そして何より大事なことは、お客様の納得感です。病院でも、お医者さんの説明が丁寧でわかりやすいからこそ、患者さんも納得し、安心して治療を受けられるのではないでしょうか。

投資の世界でも、多くの方は下がっているから不安なのではなく、わからないから不安になるのだと思います。だからこそ、私たちは、お客様一人ひとりと向き合い、適切な診断を行い、将来の目標地点まで投資を継続していただけるよう、わかりやすい説明や納得感を重視したアドバイスが大切だと考えています。

この本が、安心できる将来のための「目標ありき」の資産運用を始める一助になれば幸いです。

シグマ株式会社　代表取締役　吉田篤

あとがきマンガ

iDeCoの申し込みをしてから1カ月ちょっと経った頃…
確定拠出年金
国民年金基金連合会
ん？ なんか届いてるな？
なんだっけ？
iDeCoのことなどすっかり忘れてましたー
確定拠出…あ～アレかなあとで見よ
ポイ
数日後
えっ何!? この引き落とし!!
銀行web明細
コクミンネンキンキキンレンゴウ…!?
キンキキン!!?
×月△日
コクミンネンキンキキンレンゴ…
－5,000円
封筒を開けてもいないのに引き落としはスタートするiDeCoの恐ろしさを思い知らされる
急いでログインして配分設定などやる
みんなは封筒届いたらすぐやろうね！
こわッ！iDeCoこわッッッ!!
PC
それにしても…
吉田さんに教わった自分に合った配分を設定
これ自分で配分決めるの無理だったな…
吉田さん
こんな私でもできるように教えてくださって
本当にありがとうございます
iDeCoは怖くないですよ～
そうです私の怠惰が怖いだけ
一緒に話を聞いてくれて私をひっぱってくださった編集別府さんも
豊富な知識でマンガもコラムも情報たっぷりにしてくださった大山さんも
本当にありがとうございます!!
おかげさまでこんなに充実した内容のマンガが描けました!!!
そしてここまで読んでくださったあなた様に
感謝!!!
共に明るい未来に向けて楽しく歩いていきましょう♡
お金の不安なく
うだひろえ

できる書き込みシート

● 人生3大資金の目安を知ろう

◎ 教育資金の目安

（単位：万円）

	幼稚園	小学校	中学校	高校	大学	合計
全て公立（大学は国立）	66.9	192.7	146.4	137.2	242.5	785.7
大学のみ私立	66.9	192.7	146.4	137.2	524	1067.2
高校・大学が私立	66.9	192.7	146.4	290.9	524	1220.9
全て私立	158.1	959.2	421.9	290.9	524	2354.1

	国立大学	私立大学 文系学部	私立大学 理系学部	私立大学 医歯科系学部※	私立大学 その他学部	全平均
4年間合計	242.5	407.9	551.1	2396.1	507.3	469

（出所）幼稚園〜高校：文部科学省「平成30年度子供の学習費調査」（学校郊外活動費を含む）、「私立大学等の令和3年度入学者に係る学生納付金等調査結果について」、「国公私立大学の授業料等の推移」

◎ 住宅資金の目安（所要資金・全国平均）

新築マンション	4,528万円
中古マンション	3,026万円
土地付注文住宅	4,455万円
建売住宅	3,605万円

リフォーム資金	201万円

（出所）住宅金融支援機構「2021年度フラット35利用者調査」、
国土交通省「令和3年度住宅市場動向調査」

貯蓄や投資にまわす
お金を先取りすれば、
貯めやすくなります

◎ 介護費用の目安（平均値）

一時的な費用の合計	74.4万円
介護費用月額	8.3万円

（出所）生命保険文化センター「2021（令和3）年度「生命保険に関する全国実態調査」

「人生3大資金」が把握

● 家計から貯蓄・投資にまわせる金額を計算しよう

◎ STEP 1：年間の収入を把握しよう

収入金額		−	所得税	社会保険料	住民税	=	年間の手取額（可処分所得）
夫	万円		万円	万円	万円		万円
妻	万円		万円	万円	万円		万円

◎ STEP 2：先取り貯蓄を確保しよう

収入の30～35%が目安

毎月の収入	−	先取り貯蓄・投資にまわすお金	=	毎月のやりくり費
万円		万円		万円

◎ STEP 3：毎月のやりくり費を把握しよう

	費目	金額
固定費	住宅費（家賃、住宅ローン、管理費）	円
	水道光熱費	円
	通信費	円
	生命保険料	円
	教育費	円
	こづかい	円
	その他（新聞など）	円
流動費	食費	円
	日用品代	円
	医療費	円
	被服費	円
	交通費（ガソリン代など）	円
	外食費	円
	その他（理美容代など）	円
合計		円

家計見直しのポイント

- □ 携帯会社を変える
- □ 保険を見直す
- □ リボ払い・キャッシングはないか？
- □ 使途不明金はないか？
- □ 外食費・レジャー費を見直す
- □ サブスク・定額購入しているものを見直す

● 老後の必要資金を計算してみよう

◎ STEP 1：支出を把握しよう

毎月の支出	
基本生活費	万円
住居関連費	万円
車両費	万円
趣味娯楽費	万円
支払保険料	万円
その他	万円
合計（A）	万円

年間の特別支出	
固定資産税	万円
自動車保険料	万円
旅行	万円
その他	万円
合計（B）	万円

特別支出	
自動車購入	万円
リフォーム	万円
その他	万円
合計（C）	万円

◎ STEP 2：65歳から100歳まで（35年）にかかるお金は?

［（A×12ヶ月）+B+C］×35年＝

合計（D）	万円

◎ STEP 3：収入を把握しよう

60〜65歳の収入の合計	
夫	万円
妻	万円

＋

年金見込み額
万円
万円

×35年＝

合計	2人の合計(E)
万円	
万円	万円

〈参照〉国民年金の目安

老齢基礎年金 約78万円 × 国民年金保険料を払った月数 / 上限480ヶ月

厚生年金の目安（単位：万円）

平均標準報酬月額	厚生年金保険加入年数							
	5年	10年	15年	20年	25年	30年	35年	40年
10万円	3	7	10	13	16	20	23	26
20万円	7	13	20	26	33	40	46	53
30万円	10	20	30	40	49	59	69	79
40万円	13	26	40	53	66	79	92	105
50万円	16	33	49	66	82	99	115	132
60万円	20	39	59	79	99	118	138	158
70万円	23	46	69	92	115	138	161	184
80万円	26	53	79	105	132	158	184	210
90万円	30	59	89	118	148	178	207	237

◎ STEP 4：不足金額を把握しよう

収入合計（E）		支出合計（D）		老後の不足金額
万円	−	万円	＝	万円

索引

著者　うだひろえ

漫画家・イラストレーター・コミックエッセイスト。愛知県在住。1976年生まれ。夫と息子、娘の4人暮らし。『夢追い夫婦』（メディアファクトリー刊）にてデビュー。2009年文化庁メディア芸術祭において『ラス☆チル～昭和さいごのコドモ～』が審査委員会推薦作品に選ばれる。『誰も教えてくれないお金の話』（サンクチュアリ出版）が35万部を超えるヒットに。『家族で挑戦マンガ　暮らしが良くなる片づけ』（主婦の友社）など著書多数。

監修　吉田篤

ファイナンシャルプランナー／IFA。大学卒業後、日興コーディアル証券（現SMBC日興証券）に入社。営業表彰やCS（顧客満足度）表彰など受賞。その後、会計事務所系のコンサルティング会社を経て、2013年に独立。ライフプランに沿って独立性・専門性の高い資産運用アドバイスを行うために、シグマ株式会社を設立。資産運用、投資のお医者さんとして、一人一人に適切な薬=商品、運用をアドバイスしている。NHK文化センターや名古屋証券取引所などで講師を務めるなど投資教育にも力を入れる。4児の父。趣味は、温泉旅行、キャンプ、登山、釣り、ワイン会、読書。

老後、教育費…将来が不安！
でも、面倒くさいことナシで、
お金が貯まる方法、教えてください！

2023年2月16日　初版第一刷発行

著者　うだひろえ

発行者　澤井聖一

発行　株式会社エクスナレッジ
〒106-0032　東京都港区六本木7-2-26
https://www.xknowledge.co.jp

問い合わせ先　編集　TEL 03-3403-6796
FAX 03-3403-0582
info@xknowledge.co.jp
販売　TEL 03-3403-1321
FAX 03-3403-1829